Pour Nicolas,

Voici un ouvrage pour découvrir le monde de "nos ancêtres les Vikings".

Bonne lecture et à bientôt en mer sur ces magnifiques navires...

Le 18/02/16 à Paris

Damien Bouet
avec la participation d'Erik Groult

Les bateaux vikings

HEIMDAL

Introduction

Beaucoup d'éléments propres à la Scandinavie médiévale pourraient permettre de catégoriser le monde viking : l'art, le système politique ou encore la religion. Cependant, c'est bien souvent le bateau que l'imaginaire collectif retient et met en exergue lors des discussions sur la thématique « Vikings ». Ce sont en effet les navires qui ont poussé les Scandinaves hors de leurs frontières, au gré du vent et des marées, afin de rallier le Groenland, l'Amérique ou encore la Normandie. Les bateaux se devaient d'être à la fois résistants et flexibles, pour ne pas se briser contre les vagues d'une mer déchaînée, mais aussi suffisamment légers afin d'être halés et traverser des passages à terre.

Malheureusement, l'imagerie véhiculée par le courant romantique au XIXᵉ siècle en Europe est encore particulièrement persistante. Pour beaucoup de néophytes, les marins de la Scandinavie médiévale se limitent à des Vikings barbes au vent et ventres à bière, restant debout face à la mer, en tenant fermement le *stag* (étai) à la proue d'un navire à la voile rouge et blanche. Le « drakkar » devait alors être aussi indestructible et terrifiant que les marins qui le menaient, affrontant la houle et la tempête en chantant. Bien que les spécialistes accordent, quasi unanimement, aux Scandinaves un talent certain dans la charpenterie navale et dans la science de la navigation qui en émane, la compréhension de ces navires reste complexe et bien éloignée des stéréotypes susmentionnés. En effet, les recherches, menées en particulier par Ole Crumlin-Pedersen (inventeur du site de Roskilde et ancien directeur du *Vikingeskibsmuseet*), nous montrent la complexité de la construction à clins, mais aussi les nombreuses innovations techniques qui se succédèrent jusqu'aux bateaux qui menèrent Leif Erikson en Amérique aux alentours de l'An Mil ou le Duc Guillaume en Angleterre en 1066.

À travers cet ouvrage, nous tâcherons d'apporter notre pierre à l'édifice et d'aborder le sujet délicat du « Viking » et de son « étalon des mers ». Nous essayerons d'expliquer de façon didactique les aspects techniques de la construction à clins, de son évolution dans l'histoire et nous évoquerons les différentes techniques de navigation.

Remerciements

Par ces quelques lignes, je souhaiterais remercier l'ensemble des personnes qui m'ont aidé et permis de publier cet ouvrage sur une thématique qui me passionne. Tout d'abord mes parents et ma famille, pour leur soutien incommensurable pour me pousser à persévérer dans mes projets, lorsque dans les tréfonds de mon âme, ma seule envie était de partir élever des moutons sur l'archipel des Føroyar ou naviguer vers le nord jusqu'à trouver sur la mer lointaine et grise l'île de Thulé qui fit tant rêver Pythéas et bien d'autres encore après lui. Je tiens aussi à remercier la précieuse aide des associations Dreknor (*www.dreknor.fr*), Hag'Dik (*www.hagdik.fr*) et Voiles Norroises (*www.voilesnorroises.fr*), sans qui cet ouvrage ne serait rien.

Ainsi que beaucoup d'autres personnes telles que Marc et Nathalie H., pour m'avoir donné envie de m'intéresser aux bateaux et le soutient logistique infaillible en calva, bénédictine et autres joyeusetés. Didier L. pour le prêt de matériels et d'ouvrages, ainsi que toutes les autres personnes qui m'ont aidé de près ou de loin durant la rédaction de ce livre et bien entendu Georges Bernage, fondateur des éditions Heimdal, pour avoir édité ce modeste ouvrage sur les navires vikings.

Table des matières

Vous avez dit Drakkar ?

Abordons dès maintenant les aspects les plus âpres du monde de la charpenterie navale, j'ai nommé la sémantique et la typologie. Puisqu'en effet, lors de nos recherches, nous avons rapidement réalisé qu'il existait de nombreux problèmes terminologiques. Certains termes pouvant être utilisés dans des vocables totalement différents et les confusions ou l'emploi de termes inappropriés étant chose courante, nous avons choisi de dédier cette première partie aux définitions. D'autant plus que les auteurs anglo-saxons ou francophones se contredisent quant à l'utilisation de telle ou telle formule et il n'est pas rare de trouver des définitions contradictoires dans la littérature spécialisée. Nous avons donc tenté d'établir une typologie des navires vikings, en nous basant sur les différentes découvertes archéologiques et sur l'imposant corpus que forme les sagas.

Drakkar, esnèque ou langskip ?

Lorsqu'on s'attaque à la littérature du XIXᵉ-XXᵉ siècle sur les Normands, on trouve bien souvent des mentions de «Drakkar». Le Rouennais Edmond Spalikowski a écrit « *Nous chantons ces farouches héros, Nous pensons qu'ils ont mis de l'ordre dans le chaos, Quand leurs **drakkars** mouillés aux criques des prairies, Ne devaient plus cingler vers les vieilles patries* » ou encore René Herval « *Grâce à lui mon vaisseau vogue vers l'Occident, Comme les beaux **drakkars** fendeurs des mers antiques* ».

Drakkar par ci, Drakkar par là, mais qu'est-ce qu'un drakkar ? Il ne s'agit pas du bateau qui servait à transporter le Viking à casque à cornes et corne à boire, comme le veut l'image d'Épinal. Non, le « Drakkar » est une invention linguistique attribuée à Augustin Jal, qui mentionnait les *esnèques* en 1840 dans le Tome I de l'*Archéologie Navale,* sous le terme de drakar, du suédois moderne *drake* et du norrois *dreki* ou *drekar* au pluriel (dragon(s)). Le second « k » fut ajouté par des auteurs postérieurs et le néologisme fut ainsi créé. En se penchant sur les textes islandais, on retrouve d'ailleurs plusieurs mentions de *dreki*. On apprend ainsi, dans la saga d'Olafr Tryggvason, qu'un certain Raudr, « *possédait un dreki, dont les têtes étaient lamées d'or.* ». Toutefois, le « Drakkar » retient les faveurs des dictionnaires, alors nous ne nous offusquerons pas lorsque le français emploie ce terme. Nous tâcherons cependant de rectifier cette erreur et d'expliquer ce que cache cet élégant barbarisme.

L'étude cumulée des sagas scandinaves et des différentes découvertes archéologiques nous permet d'établir une typologie plus ou moins précise des navires utilisés par les Vikings. Frédéric Durand et Jean Renaud ont d'ailleurs savamment pointé la multitude de mentions de navires dans les sagas. Bon nombre de sources manuscrites font en effet mention, avec une précision déconcertante, de l'état des lieux de telle ou telle flotte. Ainsi, dans la Saga des Orcadiens, on apprend que le jarl Rögnvaldr décide de partir en expédition avec six *storskip* ou *langskip* (longs bateaux), cinq *skutur* (cotres) et trois *byrdingar* (bateaux de charge). Dans la Saga d'Egill, ledit protagoniste était poursuivi par le roi des Norvégiens, Eirik à la hache sanglante, il sauta alors à bord d'un *skuta* (cotre) depuis un *kaupskip* (navire marchand). Ces quelques nouveaux termes nous permettent créer la trame de notre typologie.

Tentons maintenant d'aller plus loin. Il faut tout d'abord différencier le navire, *skip*, de la simple barque *batr* ou du canot *eptirbatr*. Nous pouvons ensuite créer deux grandes catégories de bateaux. D'une part le bateau destiné à la guerre, le *herskip* (aussi mentionné sous le terme de *langskip* du fait de son apparence). De l'autre, le navire marchand, dit *kaupskip*. De ces deux grandes catégories découlent un certain nombre de sous-catégories, en fonction de l'usage et de la taille du navire. On retrouve ainsi toute une classification des bateaux de guerre en fonction du nombre de bancs de nage : *tvitugsessa* (vingt-bancs), *tritugsessa* (trente-bancs), etc.

L'archéologie navale a ensuite permis de mettre un « visage » sur ces dénominations. Suite aux fouilles de Roskilde (Danemark) ou de Haithabu (Allemagne), il a été possible de dresser un « trombinoscope » des navires vikings et de mieux comprendre les différences structurelles entre les types. Commençons par les *herskip*, avec leur ligne très fine et élancée. Le Roskilde VI (trente-sept bancs), le Hedeby I (trente-bancs) et le Skuldelev II (vingt-neuf bancs), correspondent à la catégorie des *skeið* ou *escheis* en Normand, les navires de guerre de plus de vingt-cinq bancs. Le bateau de Ladby (quinze-bancs) et le Skuldelev V (treize-bancs), correspondent aux *snekkjar* ou *esnèques* en Normand, soit des navires de guerre de plus ou moins quinze-bancs.

Viennent ensuite les *kaupskip,* beaucoup plus ventrus et trapus, destinés au commerce et au transport de lourdes charges. Le Hedeby III (60 tonnes d'emport), le Skuldelev I (24 tonnes), le Askekärr I (20 tonnes), le Klastad (13 tonnes) et le Roskilde III (11 tonnes), correspondent aux navires de type *knörr* ou *kenar* en normand. Ils sont dotés de haut bord et sont adaptés à la navigation hauturière. De plus, le rapport longueur/largeur de ces bateaux fait qu'ils étaient particulièrement marins et confortables par gros temps. C'est très probablement cette classe qui permettait aux Scandinaves de rallier la Scandinavie à l'Islande ou au Groenland. Toutefois, plusieurs sagas font mention de *knörr* maquillés en bateaux de guerres, afin d'augmenter l'emport d'une flotte ou simplement de combler un manque. Une pointe de flèche a d'ailleurs été découverte sur l'une des virures du Skuldelev I, indiquant ainsi une utilisation militaire de ce bateau ou le mécontentement d'un client. Le Skuldelev III (6 tonnes) correspond au navire de type *byrdingr*. Il s'agit de petits bateaux de charges, destinés à la navigation côtière et au cabotage. Ils effectuaient très certainement les liaisons entre les fjords et permettaient le commerce à courtes distances. Enfin le Skuldelev VI (5 tonnes) pourrait être une *skuta* ou un grand *fis-*

Cette fibule (broche), en alliage cuivreux doré est large de 5,9 cm. Elle est datée vers 850 donc de l'époque des premiers raids scandinaves sur la vallée de la Seine. Elle a été retrouvée à Lillevang, sur l'île de Bornholm au Danemark. Elle a la forme d'un bateau viking pourvu de têtes de dragons à l'avant et à l'arrière. Les bordages sont indiqués avec des boucliers ronds. Un visage couronne la hune du mât. Cette fibule provient d'une sépulture féminine. (Danmarks National-museet, Copenhague.)

kerbátr, en soi, un caboteur à tout faire ou une chaloupe de pêche.

Il faut toutefois attendre le Xe siècle pour que progressivement les bateaux se spécialisent et diversifient de cette manière. L'étude des sagas ou même de l'archéologie montre qu'avant cette période, il était simplement possible de différencier les bateaux hauturiers des navires cotiers, mais pas de leur attribuer une fonction précise. Ainsi un bateau comme le Gokstad pouvait à la fois être utilisé en contexte militaire et civil.

La barque en chêne, retrouvée à Nydam dans le Schleswig et datée de 310 de notre ère, est le prototype des bateaux vikings, mais n'était alors mue qu'à la rame. De tels bateaux ont permis aux Angles et aux Saxons de coloniser ce qui deviendra l'Angleterre et une partie de nos côtes dont, déjà, une partie de ce qui deviendra la Normandie. (dessin de Sophus Müller, environ 1880.)

Clins, francs bords et techniques de construction

Les néophytes se questionnent certainement sur les caractéristiques structurelles d'un bateau à clins. Le lectorat du Pays de Caux (Haute-Normandie) connaît probablement cette technique de construction, tant les ports regorgent encore aujourd'hui de petites embarcations à clins, tels que les picoteux, caïques ou autres « culs-ronds ». Tâchons maintenant de clarifier ce point.

Il existe en charpenterie navale deux grandes catégories de bordages, la construction à carvel, dite à « franc-bord » (la plus commune aujourd'hui) et la construction à clins. Les deux techniques de construction sont conceptuellement opposées. Dans le premier cas, il est d'abord nécessaire de concevoir le squelette du bateau, formé par la quille et les membrures, il s'agit d'une construction à « charpente première ». Ce squelette donne la forme générale du bateau. Les bordés sont ensuite posés bord à bord et rivetés aux membrures, puis calfeutrés avec de la fibre végétale ou animale, préalablement goudronnée. Pour la construction à clins, les charpentiers utilisent la technique dite du « bordé premier ». Les bordés se recouvrent comme les bardeaux d'une toiture, ils sont solidaires les uns des autres et forment une « coquille de noix ». Une fois le fond de coque terminé et ajusté, les membrures sont fixées par des gournables (rivets en bois) ou ligaturées. Elles permettent de maintenir les virures et de renforcer le bordage, donnant ainsi une construction d'une grande souplesse et dotée d'un très net avantage hydrodynamique. Durant la période médiévale, les Scandinaves ont excellé dans la construction de très longues embarcations (de plus de 35 m) et à faible tirant d'eau. Faisant de ces navires de parfaits outils pour les expéditions et les grandes traversées hauturières.

Les deux techniques présentent des avantages et inconvénients. L'intérêt principal de la construction à clins tient à la possibilité d'utiliser du bois vert pour construire la coque, sans compromettre l'étanchéité de celle-ci. Une coque à clins a également une plus faible résistance à l'eau. En effet, les bulles d'airs restent piégées à la jonction entre les virures et forment un « coussin d'air », réduisant la surface de contact et permettant par conséquent d'atteindre des vitesses plus élevées. Sur les coques à franc-bord, une charpente préétablie donne une idée beaucoup plus précise de la forme du bateau. Il est alors possible d'optimiser la capacité de charge du navire. Le franc-bord permet également de monter des coques plus hautes, bien plus adaptées à l'accroissement du fret maritime à la fin de la période médiévale.

Très belle silhouette du navire de Gokstad. Il a été déterré durant l'été de 1880 dans un tumulus situé sur la ferme de Gokstad en Norvège. Ce navire, daté vers 880-900, donc de la période du siège de Saint-Lô, en chêne, était construit pour affronter l'océan. Il mesure 23,24 mètres de long, 5,20 mètres de large et sa hauteur atteint 2,02 mètres de la partie inférieure de la quille au sommet du plat-bord mesurée au milieu. Le poids de la coque avec son équipement atteint 20,2 tonnes. Une copie exacte, réalisée en 1893, jaugeait 31,8 tonneaux et traversa l'Atlantique. La quille est faite d'un seul morceau sans raccord, le profil est particulièrement haut et effilé dans le but de concilier solidité et légèreté. D'après des spécialistes forestiers, elle a été taillée dans un chêne de 25 mètres de haut. Au moment de la fouille, on retrouva les restes de 64 boucliers, le long du bateau, peints alternativement en noir et en jaune. Au port, pour décorer le bateau, ils étaient fixés par-dessus le plat-bord, placés de façon à empiéter légèrement les uns sur les autres, deux entre chaque trou de nage, 32 de chaque côté. Les trous de nage, pour le passage des rames, pouvaient être fermés par des clapets.

Ci-dessus : *les différentes catégories de bateaux représen-*
tés par les navires de Roskilde. On voit, en haut, un navire
de type skeið, *représenté par le Skuldelev II. Ensuite à droite,*
un navire de type snekkja, *qu'incarne le Skuldelev V. Vi-*
ennent ensuite les navires marchands, à gauche, un knörr,
le Skuldelev I, puis en bas, un byrðing, *le Skuldelev III. No-*
tons les formes diamétralement opposées de ces navires.
(dessin Erik Groult 2014, d'après documentation du Vikingeskib-
smuseet Roskilde.)

Reconstitution en cours d'un bateau viking à Roskilde. Nous voyons ici une étrave ap-
pelée alors **brandr** *et quelques bordés mis en place, montage à clins. (Musée de Roskilde.)*

Le navire de Gokstad, magnifique navire funéraire du IXᵉ siècle fut inhumé sous un tertre monumental dans la région de Sandefjord dans le Vestfold en Norvège à l'aube du Xᵉ siècle. Il fut découvert en 1880 et entièrement fouillé par Nicolay Nicolaysen. Suite à sa découverte, il fut pendant longtemps considéré comme le bateau « typique » des Vikings. Entièrement construit en chêne, il inspire la force et la robustesse. On l'imagine sans difficulté affronter un océan déchaîné. Son allure majestueuse et sa forme gracieuse intéressent les charpentiers de marine depuis sa découverte, il en découla une multitude de copies. D'après les analyses réalisées sur le squelette découvert dans la chambre funéraire, le bateau aurait appartenu à Olaf Geirstad-Alf, roi du Vestfold. (photo Bjørn Christian Tørrissen, 2010.)

Sources et connaissances du bateau viking

Nos connaissances sur les embarcations scandinaves émanent d'une multitude de supports. De nombreux bateaux furent découverts ensevelis sous des tumuli funéraires, mais également coulés au fond des fjords, estuaires ou dans le lit des rivières. Grâce aux progrès de l'archéologie marine, de nombreuses épaves furent extirpées de leur gangue de vase protectrice. En effet, le développement des techniques de plongée sous-marine a permis d'atteindre des épaves immergées. Dans tous les cas, l'archéologue doit alors travailler sur des vestiges très fragmentaires, qu'il faut alors parfaitement relever pour correctement restituer le navire. En effet, sur certains sites tels que Ladby (Danemark), Groix (France) ou Sutton Hoo (Angleterre), seuls les rivets en fer permettent de restituer la forme et l'envergure du navire. En outre, les pétroglyphes, les iconographies ou les documents épigraphiques permettent d'alimenter la recherche et de donner une image relativement précise du « navire viking ».

Statuaire et pétroglyphes

Les gravures rupestres du fjord d'Alta, dans le Finnmark, en Norvège, témoignent de l'activité humaine préhistorique dans cette région au-delà du cercle polaire arctique. Les pétroglyphes furent découverts en 1972 sur les rives de l'Altafjord. Datées de 4 200 av.-J.-C. à 500 av.-J.-C, les quelque 5 000 gravures rupestres, se répartissent sur une soixantaine de parois dans quatre sites différents. Les principaux et plus importants sont ceux de Hjemmeluft/Jiepmaluokta. Les différents sites d'Alta semblent avoir eu un rôle cultuel entre le Néolithique et l'Antiquité. Certaines gravures représenteraient d'ailleurs des pratiques rituelles et des croyances religieuses inhérentes à ces peuples nordiques, tels que le culte du soleil. Cependant, la majorité de ces gravures témoignent du mode de vie de ce peuple, on peut voir sur certains pétroglyphes des scènes de chasse et de pêche, ou encore la domestication et l'élevage du renne.

En outre, le site d'Altafjord (Norvège), présente quelques pétroglyphes, considérés comme étant les premières représentations de bateaux en Scandinavie. Sur l'une de ces gravures tracées dans la pierre vers 4 200 av. J.-C., nous pouvons distinguer deux pêcheurs vraisemblablement embarqués sur une pirogue monoxyle. Sur d'autres, plus récentes, des représentations d'embarcations à étrave bifide, peuvent être apparentées au navire de Hjortspring. De manière générale, ces gravures représentent un type de navire léger et mû par des pagaies, comparables aux grands canoës samis. Ces représentations témoignent de l'existence de grands navires vers le milieu de deuxième millénaire av. J.-C.. La présence d'embarcations dans certaines scènes de pratiques cultuelles démontre que la sphère maritime influençait déjà profondément les peuplades nordiques de cette période, dont la mythologie a intégré le bateau comme symbole du cycle solaire quotidien.

L'île de Gotland en mer Baltique fut longtemps préservée des turpitudes du temps, permettant ainsi à ses habitants de prospérer et d'accumuler les richesses, dont quelque 380 pierres historiées. Ces stèles en calcaire mesurent jusqu'à 3,50 m et sont,

Le bateau de Ladby, est un navire funéraire du Xᵉ siècle. Il fut découvert à Kerteminde sur l'île de Fyn (Danemark) et fouillé entre 1934 et 1937. Le bois n'est malheureusement pas conservé sur ce navire, seuls les rivets (environ 2 000) et autres éléments métalliques permirent de restituer la silhouette du bateau. Avec ses 21,5 m de long pour 3 m de large, sa forme effilée le rapproche des bateaux de type snekkja. Il s'agissait vraisemblablement d'un bateau de guerre de quinze bancs. Les fouilles livrèrent un imposant corpus métallique et de nombreux ossements d'animaux (11 chevaux furent découverts dans la tombe), indiquant la richesse du défunt. Le défunt lui-même n'a pas été retrouvé. Les nombreuses perturbations révélées par la fouille, pourraient indiquer que le corps a été transféré vers une tombe chrétienne lors de la période de transition entre l'ère païenne et chrétienne. Il est également possible que la tombe fut pillée et saccagée quelques années après l'inhumation pour affaiblir la famille du défunt. (photo Malene Thyssen, 2004.)

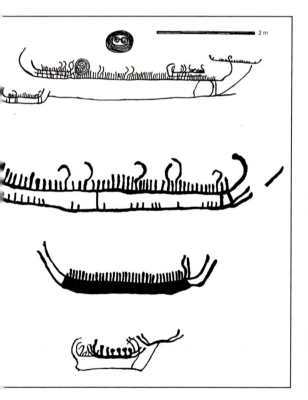

Les pétroglyphes de Steinkjer (Norvège). Les premières sources norvégiennes de bateaux proviennent des pétroglyphes de l'âge du Bronze. Malheureusement, les pétroglyphes sont très difficiles à dater et un certain nombre de gravures ne sont pas exploitables pour une étude structurelle. Cependant, certains pétroglyphes sont suffisamment détaillés pour créer une typologie des bateaux et donner une image plus précise du monde naval protohistorique. Il est probable que les bateaux représentés étaient en peaux, à l'image des coracles ou des embarcations samies. Il s'agissait alors d'un cadre en bois de coudrier, recouvert de peaux. Ce type de bateaux permettait de créer une alternative aux pirogues monoxyles. Il était alors possible de construire plus large et donc plus stable, pour partir plus loin en mer. (Pétroglyphe.)

pour la moitié d'entre elles, datées de la période de Vendel (VIIᵉ-VIIIᵉ siècle). Sur les différents registres, des scènes issues de la mythologie et de la cosmogonie du paganisme scandinave sont représentées. En outre, le registre inférieur de ces pierres est systématiquement doté d'une représentation d'un bateau, plus ou moins détaillé, vue de profil et voile dehors. La voile semble d'ailleurs roidie par des lanières formant des losanges. Les embarcations présentées se rapprochent de la forme globale du « bateau viking ». On y retrouve des bateaux amphidromes, munis d'un gouvernail sur tribord arrière, d'une étrave et d'un étambot décoré d'un motif animalier et sont parfois dotés de boucliers rehaussant le plat-bord. Seule exception notable, sur la pierre d'Ardre, le bateau représenté à mi-hauteur est doté d'un gouvernail placé à bâbord arrière, l'embarcation n'est pas gréée et les équipiers se tiennent debout brandissant des épées. Ces particularités tiennent plus vraisemblablement d'un parti pris d'esthétisme plutôt qu'à une réalité navale.

En France, la plus ancienne représentation d'un navire viking connue, est un graffiti du Xᵉ siècle, découvert dans le village de La Grande Parroisse en Seine-et-Marne. Bien que stylisé, on aperçoit sur cette embarcation, une proue et une poupe incurvée, une rangée de boucliers sur le plat-bord (trahissant un usage militaire), un gouvernail laté-

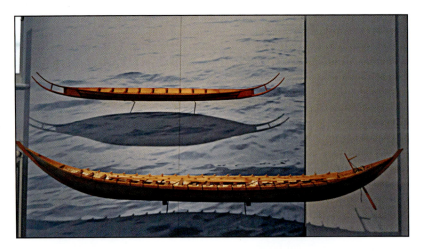

Maquette du bateau de Hjortspring en haut et de Nydam en bas. Bien que ces bateaux restent totalement différents, la forme globale de ces embarcations reste comparable, malgré les quelques 632 années de différence.
(photo Damien Bouet, 2014, Schleswig-Holsteinisch Landesmuseen Schloss Gottorf.)

*Les pierres historiées de Gotland, en suédois **Bildstenar** (pierres de peintures), sont des pierres calcaires taillées que l'on retrouve, géographiquement centrées, sur l'île de Gotland. Elles sont très richement décorées de motifs mythologiques ou guerriers, symbolisant probablement la gloire et l'honneur d'un défunt. Pendant près de cinq siècles, les Gotlandais ont érigé des pierres historiées sur l'île. Du Ve siècle au VIIIe siècle, les pierres sont relativement sobres et semblent signaler les présences d'une sépulture. Au VIIIe siècle, des pierres furent levées à proximité des carrefours et des points de rencontre. Ce deuxième type de pierre est le plus souvent en forme de champignon et est particulièrement ouvragé. Les scènes sont délimitées et réparties en registres, faisant souvent référence à la mythologie nordique. On retrouve quasi systématiquement sur ces pierres, un navire sous voile qui est représenté sur le registre inférieur. Au XIe siècle les registres historiés tendent à disparaître et sont remplacés par des inscriptions runiques à l'instar des pierres présentes à travers toute la Scandinavie.*
(Photo Jürgen Howaldt.)

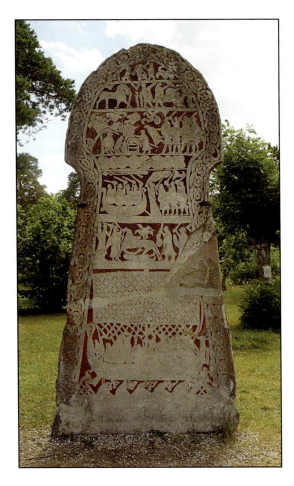

ral, une voile quadrangulaire, et détail intéressant, une figure de proue (de cheval ou de dragon, difficile à voir).

Les représentations de bateaux de type scandinaves vont survivre durant tout le Moyen-Âge, en particulier dans les églises européennes. Ainsi, sur les fonts baptismaux de la cathédrale de Winchester, datés de 1180, figure un bateau viking. Il est certes doté d'un gouvernail d'étambot, mais reste construit à clins et de forme amphidrome. Sur le portail sud de la cathédrale de Bayeux, on aperçoit une sculpture du XIIIe siècle représentant le navire de Thomas Becket. Là encore, les caractéristiques typiques des bateaux scandinaves apparaissent. Enfin, sur la tombe d'Alexander Mc Leod un bateau de type scandinave fut gravé en 1528.

Iconographies

L'iconographie nous a livré un certain nombre de représentations de bateaux de type scandinaves, malheureusement très peu sont contemporaines de la période viking. En effet, des navires à clins amphidromes furent représentés jusqu'au XIVe siècle sur tous les supports (tapisseries, enluminures, vitraux, monnaies, sceaux) et à travers toute l'Europe. Certaines représentations pourraient donner l'impression d'être stéréotypées. Toutefois, une telle diffusion iconographique suppose l'existence, plus de deux siècles après la période viking, de bateaux de ce type en Europe du Nord. Cette présence peut s'expliquer de deux façons. D'une part, pour les zones « colonisées » par les Vikings, un transfert des techniques de construction scandinaves s'est probablement opéré. En particulier en Angleterre ou en Normandie. D'autre part, dans les zones où l'implantation scandinave est quasi nulle ou éphémère. Les échanges commerciaux ont certainement habitué les autochtones à la morphologie particulière des bateaux vikings ou post-vikings.

C'est avec la Tapisserie de Bayeux, œuvre majeure pour la compréhension des navires vikings, que commence notre aperçu iconographique. Cette magnifique broderie contemporaine de la période viking nous livre un témoignage relativement fiable sur la construction navale et la navigation à la fin du XIe siècle. Brodée vraisemblablement en Angleterre peu de temps après la conquête de 1066, elle évoque deux traversées successives, celle de Harold Godwinson en 1065, puis celle de Guillaume le Conquérant en 1066. Quarante et un navires y sont figurés à travers des scènes de construction, de navigation et d'accostage. Dans les forêts du Pays d'Auge, entourant le chantier de Dives-sur-mer, on aperçoit les bûcherons abattre à la volée des arbres pour construire la flotte du Conquérant (3 000 bateaux d'après Guillaume de Jumiège, 450 d'après les historiens). Puis la flotte appareille pour la Bretagne insulaire, laissant apparaître l'accastillage et l'armement des bateaux. Elle nous livre également des détails plus ténus, telle que les techniques de navigation et d'accostage, ou la dépose des figures de proue.

Les manuscrits ecclésiastiques regorgent de représentations de bateaux à clins de type scandinave. Il n'est ainsi pas rare de retrouver ici et là des silhouettes de bateaux vikings plus ou moins détaillés. Le *Skarðsbók* (édition du *Jónsbók*, daté de 1264) referme dans les méandres d'un S et d'un Z enluminés de petites figurations de bateaux à clins en construction. On aperçoit d'ailleurs dans le S un charpentier ajuster un bordé avec une herminette. En Normandie et plus largement en France, les iconographies de navires de type scandinave furent relativement peu étudiées, tant la Tapisserie de Bayeux regorge de détails insoupçonnés. Cependant, les manuscrits comportent très régulièrement des miniatures à registre naval. Les détails ne per-

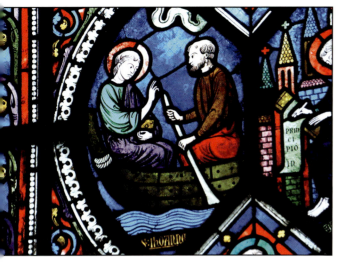

Les vitraux des églises et cathédrales européennes regorgent de bateaux à clins. Le premier, à gauche, provient de la cathédrale de Lisieux et le second de la cathédrale de Coutances, tous deux sont datés du XIIIᵉ siècle. On y distingue les différents éléments inhérents à la construction à clins, la juxtaposition des clins est modélisée et les navires sont amphidromes. Les navires de type scandinave sont présents sur la plupart des scènes liées à la sphère marine. Ils sont d'ailleurs tous stylisés de la même manière, indiquant une parfaite connaissance de la morphologie des navires à clins par les artisans ou simplement le travail en itinérance des différents vitrailleurs. (photos Damien Bouet, 2014.)

mettent souvent pas d'apporter de nouvelles connaissances à la recherche, mais il est intéressant de noter une certaine continuité stylistique jusqu'au XIVᵉ siècle.

Des bateaux de type scandinave sont également très largement représentés sur les vitraux des églises nord-européennes. Les édifices religieux normands ne dérogent pas à la règle. Ainsi, dans le déambulatoire de la cathédrale de Rouen, sur le vitrail consacré à saint Julien l'Hospitalier (XIIIᵉ siècle), une petite embarcation amphidrome, à clins et gouvernail latéral apparaît. Sur l'un des vitraux de la cathédrale de Coutances, figure une représentation du navire de Thomas Becket (XIIIᵉ siècle), avec les mêmes caractéristiques que celui de la cathédrale de Rouen. Bien que ces deux navires se ressemblent, le premier serait un simple caboteur non gréé, tandis que le second semble plus proche, morphologiquement parlant, des bateaux de hautes mers. Bien que ces représentations soient très largement postérieures à la période viking, elles apportent des détails intéressants sur l'évolution structurelle des bateaux de type scandinave en Normandie. Toutefois, il est important de nuan-

cer nos propos, puisqu'actuellement aucune donnée archéologique ne permet de confirmer la présence, en France, d'embarcations de ce type au XIIIᵉ siècle. De même l'épigraphie n'est guère d'un grand secours, puisque les textes normands mentionnant des *esnèques* au XIIᵉ siècle (récits de la Blanche Nef ou de Richard Cœur de Lion), mais donnent très peu de détails morphologiques. Cependant, la découverte au Danemark du bateau de Vordingborg daté de 1175 ou de Roskilde II daté de 1200, permet d'attester une certaine continuité des bateaux à clins amphidromes en Mer Baltique.

Enfin, des bateaux de type scandinave continueront à figurer durant toute la période médiévale sur les monnaies et les sceaux. Quelques figurations de bateaux existent sur les monnaies de la période viking (pièces de Birka, Haithabu ou Spangereid), toutefois, les représentations sont trop schématiques et ne permettent pas d'apporter de nouveaux éléments à la recherche. Il en va de même pour les sceaux des villes portuaires du nord de l'Europe. La plupart sont datés du XIIIᵉ siècle et peuvent être confondus avec des *kogen*. Le sceau

Sur ce détail de la Tapisserie de Bayeux, nous découvrons une partie de la flotte de Guillaume le Conquérant, alors en route vers l'Angleterre. Au centre, la Mora, le navire du Duc. Ce bateau, construit à Barfleur et financé par la duchesse Mathilde de Flandre elle-même, se distingue par la lanterne en tête de mât et par l'homme, soufflant dans un olifant, à la poupe du navire. La Tapisserie de Bayeux reste une formidable source de connaissances sur le monde nautique au XIᵉ siècle. On découvre des éléments techniques, de la construction du navire à l'accostage, en passant par la phase de navigation en mer. (Avec l'aimable autorisation de la ville de Bayeux.)

de Dunwich (Angleterre) ou de La Rochelle (France), tous deux datés du début du XIIIe siècle, apportent toutefois des éléments intéressants concernant l'accastillage des navires à cette période. Ces nombreuses représentations de « bateaux vikings » sont considérées par les spécialistes comme le symbole de la domination maritime des anciens Scandinaves (qui se traduit également par un transfert linguistique impressionnant).

Les sources manuscrites

Les données manuscrites concernant les bateaux vikings sont légion. Ils permettent de connaître des détails particuliers que l'étude iconographique ou l'archéologie ne peut déceler. Telle que la législation maritime ou l'emploi de telle ou telle technique de navigation en mer. Le *Konungs skuggsjà*, rédigé en Norvège vers 1250, présente sous la forme d'un dialogue entre un père et son fils, les connaissances indispensables à l'honnête homme. La première partie est consacrée au commerce maritime. On découvre alors de nombreux conseils pour correctement armer son bateau, éviter les pièges en haute mer et se repérer à travers l'Atlantique Nord. Lorsque Fridtjof Nansen, explorateur et scientifique norvégien, traversa l'indlandsis groenlandais en 1888, il fit d'ailleurs mention de l'exactitude des informations fournies par ce texte du XIIIe siècle.

La littérature islandaise du XIIe-XIIIe siècle constitue de loin la source la plus abondante quant à la connaissance du bateau viking et de sa navigation. Des milliers de manuscrits ont été découverts disséminés à travers à l'Islande et collectionnés depuis le XVIIe siècle. La plupart du corpus se présente sous la forme de longs récits en prose, incluant parfois des strophes scaldiques plus anciennes. Ces textes sont en effet, vraisemblablement issus d'une tradition orale remontant à la période viking, retranscrits sur papier par des moines à partir de la fin du XIIe siècle. On rencontre dans les sagas bon nombre d'incidents, rapportés avec beaucoup de détails. Les erreurs de route, les tempêtes, les naufrages, ou encore les batailles navales sont contés avec précision et permettent de mieux comprendre la relation entre les Vikings et la mer. À titre d'exemple, l'*Íslendingabók* (le livre des Islandais), ouvrage rédigé par un l'érudit Ari Thorgilson entre 1122 et 1132, retrace l'histoire de l'Islande. Il évoque entre autres, la colonisation de l'île, le système administratif, mais fait également l'énoncé très précis des différentes routes à travers l'Atlantique jusqu'à l'Islande. Cependant, ces sagas furent retranscrites plusieurs décennies, voire plusieurs siècles, après les événements qu'elles content. En outre, ces textes sont l'œuvre de clercs, généralement plus habitués aux pupitres des *scriptoria*, qu'à la vie de marin. Il faut donc, garder de la distance face à ces données.

Dernier groupe de textes contribuant à la connaissance du bateau viking, les textes de lois. Les grands comptoirs commerciaux, tels que Birka (Suède), Hedeby (Danemark) et Kaupang (Norvège), avaient leurs propres lois. Ces textes régissaient aussi bien les négociants étrangers que les habitants de ces ports. D'autre part, la *Bylow* danoise, les *Fermannalög* de Bergen ou le *Jónsbók* islandais, traitent plus précisément de la législation du trafic maritime, des exigences de navigabilité des bâtiments hauturiers ou encore de la composition des équipages. On apprend ainsi dans la loi du *Gulaþing* de Bergen que : « *si un homme est obligé d'écoper au fond, alors qu'il se trouve encore dans les eaux territoriales, son bateau est impropre à naviguer en haute mer* ». Toutefois, là encore, les manuscrits connus sont pour la plupart des copies de copies, établis plusieurs siècles après les originaux, impliquant l'éventualité de rédactions d'erreurs ou de distorsions.

Le clin, de Hjortspring à Roskilde

Nous avons préféré éliminer les différents types de bateaux à clins apparus entre le XIIe siècle et le XXe siècle, pour nous concentrer sur la « grande période » de la construction à clins en Europe Septentrionale. En effet, bien que ce type de construction perdure depuis la protohistoire, les *clinkerboats* tendent à disparaître depuis le XVe siècle. La nécessité d'embarquer des chargements toujours plus lourds et toujours plus loin obligea les constructeurs à développer des navires beaucoup plus imposants. Après une période de transition, où les *koggen* (cogues) au XIVe siècle en Mer du Nord, mêlent un fond à franc-bord et des bordages à clins, les charpentiers abandonnent totalement le clin pour les embarcations à fort tonnage, au profit de la construction à franc-bord, plus rigide et plus simple à mettre en œuvre.

À travers ce chapitre, nous ne nous intéresserons malheureusement pas aux mobiliers découverts à bord des navires, tant le sujet est vaste. Nous nous pencherons uniquement sur les aspects techniques et structurels du bateau, éléments, certes moins spectaculaires, mais bien moins connus du grand public. Nous avons sélectionné les bateaux en fonction, bien entendu, de leur période de construction, mais également de leur type et de leur état de conservation. Cette « frise chronologique » n'est donc pas exhaustive, mais permet d'avoir une image cohérente de l'évolution structurelle des bateaux à clins.

Hjortspring

C'est à l'âge du Fer et plus précisément vers 325 av. J.-C., que débute notre périple temporel à travers la construction à clins. En 1921, les fouilles effectuées dans le marécage de Hjortspring (Danemark), mirent au jour une embarcation de 19 m de long pour 1,9 m de large, vraisemblablement déposée dans cette tourbière en guise d'offrande. Le bateau, mû par des pagaies, pouvait embarquer un équipage d'une vingtaine d'hommes. Aux deux extrémités du navire, des pagaies plus longues servaient de gouvernail. Cette découverte permit

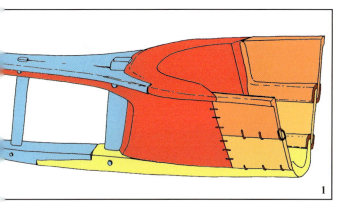

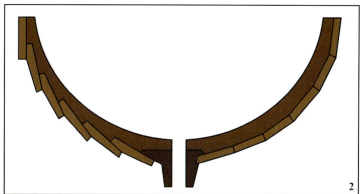

1. *L'étrave bifide du bateau de Hjortspring est particulièrement complexe. Elle forme le prolongement de la quille et permet d'accueillir les virures. Contrairement aux navires de la période viking, l'étrave n'est pas courbée. Les bordés viennent se juxtaposer verticalement, ligaturés sur une imposante pièce de bois, devant supporter les coups de boutoir des vagues.* (DAO Damien Bouet, 2014.)

2. *Une construction à clins à gauche et un assemblage à franc-bord à droite. Sur le premier type, on voit les virures se juxtaposer. Elles sont rivetées entre elles à intervalle de 10 à 12cm. La coque, une fois formée, est renforcée par les membrures, fixées aux bordés par des gournables, ou lacées à des taquets taillés dans les planches de bordage. Dans le second type, les bordés sont directement rivetés aux membrures. Les différentes virures viennent s'empiler les unes sur les autres et sont calfatées par une bourre de laine ou de chanvre goudronné.* (DAO Damien Bouet, 2014.)

3. *Ces magnifiques pétroglyphes proviennent du site de Backa dans le Bohuslän en Suède. Le nord du Bohuslän est l'une des régions les plus riches en gravures rupestres. Elles sont en général datées de l'âge du Bronze et se répartissent sur seize rochers, où figurent des scènes historiées sur plusieurs centaines de mètres. On peut voir des bateaux, des individus masculins, des charrettes et des figures circulaires. Il est plausible que ces images ne représentent pas la vie quotidienne des Scandinaves durant cette période, mais soient plutôt des représentations cultuelles.* (photo Ina Mahlstedt, 2006.)

1. *Le Skuldelev I est une épave de knörr, découverte dans le fjord de Roskilde (Danemark). D'une longueur de 15,84m pour 4,8m de large, sa forme était parfaitement adaptée pour la navigation hauturière. Il pouvait sans difficulté rallier la Scandinavie à l'Islande. Le Saga Siglar, réplique de ce navire, a d'ailleurs rejoint le Groenland sans difficulté durant les années 1984-86, prouvant ainsi les qualités nautiques de ce navire. L'original est aujourd'hui exposé au Musée des Navires Vikings de Roskilde. Le Ottar, autre réplique du Skuldelev I, est également visible dans le port du musée.* (photo Damien Bouet, Musée des Navires Vikings de Roskilde, 2014)

2. *Le Havhingsten fra Glendalough (l'étalon des mers de Glendalough), est une copie du Skuldelev II, bateau de guerre de type skeið. En 2007, il rallia le port de Roskilde à Dublin, propulsé par à la voile et à la rame par une équipe de 65 personnes, 44 jours. L'original fut construit en 1042 dans la forêt de Glendalough. Durant cette époque, troublée par de nombreux affrontements à travers toute l'Europe, L'Irlande comprenait une très importante population scandinave. Arrivé en fin de carrière, le bateau fut coulé dans le fjord de Roskilde avec quatre autres embarcations à la fin du XIe siècle pour défendre les côtes danoises d'une éventuelle invasion norvégienne. Roskilde était en effet à cette époque la capitale du royaume du Danemark. Il s'agissait alors d'un important nœud commercial et politique, son accès par la mer était donc largement défendu.* (photo Damien Bouet, Musée des Navires Vikings de Roskilde, 2013)

3. *Le Skuldelev III est un petit navire de charge côtier de type byrdingr. Sa forme élégante et la qualité de réalisation générale du bateau sont un indicateur de la richesse de son propriétaire. Ce type de bateau pouvait éventuellement appartenir à un fermier. Il l'utilisait alors pour emmener sa suite et des cargaisons lors des marchés ou assemblées. Mesurant 14m pour 3,3m de large, il était parfaitement adapté à la navigation dans les eaux intérieures. Il est aujourd'hui exposé au musée des Navires Vikings de Roskilde, non loin de sa réplique, le Roar Edge.* (photo Damien Bouet, Musée des Navires Vikings de Roskilde, 2013)

4. *Vue de la poupe du* Havhingsten fra Glendalough, *on distingue sur cette photo les éléments de navigation moderne, anachronisme obligatoire pour pouvoir naviguer en toute légalité et en toute sécurité sur les mers européennes.* (photo Damien Bouet, Musée des Navires Vikings de Roskilde, 2014)

5 et 6. *Coupe de la quille du Skuldlev V. On remarque la forme en T de la quille et les dimensions plus que réduites pour un bâtiment de 18 m. À droite, la membrure au maître-bau est également particulièrement fine. Ces dimensions, qui feraient frémir un charpentier de marine actuel, sont le secret de la flexibilité et de la résistance des navires scandinaves de cette période.* (photo Damien Bouet, Musée des Navires Vikings de Roskilde, 2014)

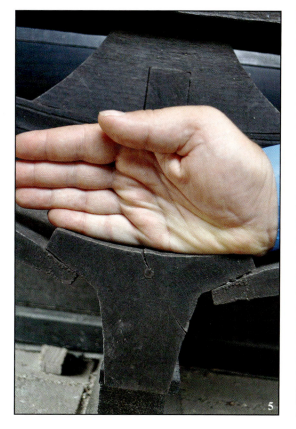

d'argumenter et de mieux comprendre les gravures rupestres naviformes de l'âge du bronze, jusqu'alors interprétées comme des canoës de guerre.

Le navire, non-quillé, est entièrement construit en bois, sans aucune pièce métallique. Les cinq bordés en tilleul se recouvrent pour former un assemblage à clins et sont cousus entre eux grâce à de la corde de tilleul. La coque est rigidifiée par des membrures en noisetier lassées aux virures sur des taquets taillés dans les planches de bordés. L'étrave et d'étambot, tous deux bifides, sont d'une réalisation et d'un assemblage particulièrement technique, attestant une parfaite maîtrise de la charpenterie navale. Cependant, la fragilité des coutures textiles des virures crée un important point de fragilité structurelle. En effet elles sont sujettes à l'harassement lors des mises à terre de l'embarcation.

Le bateau de Hjortspring atteste, à l'âge du Fer, du développement d'embarcations structurellement complexes, flexibles et légères, amorçant la longue tradition de construction à clins en Scandinavie. Il est le témoin d'une maîtrise des assemblages en bois. Il représente en effet un niveau technologique très élevé. En outre, le site de Hjortspring renfermait la plus ancienne offrande retrouvée au Danemark. Le bateau était enterré avec une soixantaine de panoplies de guerriers. Cette offrande

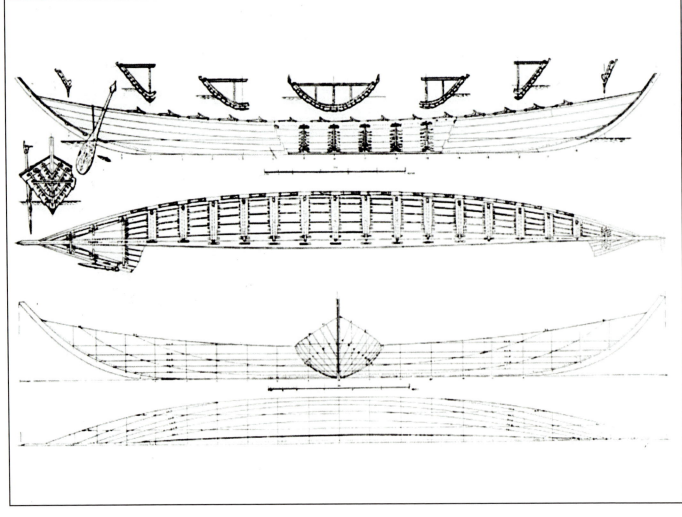

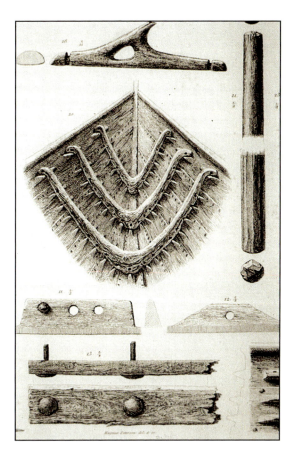

s'intègre dans les pratiques cultuelles liées à la guerre, révélées par les fouilles archéologiques à travers toute l'Europe. Des traces probantes de destructions et de sacrifices aux divinités d'équipements militaires furent en effet décelées en France sur les sites de Corent, Gournay-sur-Arronde ou Ribemont-sur-Ancre, mais également en Allemagne ou en Angleterre.

Nydam

Le bateau de Nydam marque la transition entre le bateau de Hjortspring et les bateaux de la période préviking tels que les bateaux de Vendel ou de Valsgärde, il possède en effet les caractéristiques techniques pouvant le rapprocher de ces deux périodes. Le Nydam I fut découvert en 1863 dans la tourbière de Nydam à Øster Sottrup (Allemagne, mais encore Danemark à cette époque), accompagné de deux autres embarcations et d'un très riche mobilier militaire. Malheureusement, la *Guerre des Duchés* (1864), bloqua les fouilles et l'un des trois bateaux fut détruit par des soldats. En 1984, le *Archäologisches Landesmuseum Schleswig-Holstein* lança de nouvelles recherches et fouilles, qui permirent de compléter le bateau. D'une longueur totale de 23 m pour 3 m de large, le bateau était mû par un équipage de trente rameurs et un barreur. Daté des années 310 ap. J.-C. par dendrochronologie, il fut entièrement construit en chêne et déposé en offrande dans la tourbière vers 340-350 ap. J.-C..

1. *Cette maquette du navire de Nydam, permet de restituer l'aspect imposant du navire. On peut observer les différents bancs de nage et avirons positionnés sur le bateau. (Photo Damien Bouet, Scheswig-Holsteinische Landesmuseen, Schloss Gottorf, 2014)*

Ces trois photographies réalisées dans le musée de Schleswig, détaillent le navire de Nydam. En bas à gauche, l'imposant gouvernail du bateau, déjà positionné à tribord arrière à l'instar des bateaux postérieurs. Cependant, le safran n'est pas aussi bien réalisé que ceux présents durant la période viking. Il s'apparente plutôt à une large rame, mue par une barre horizontale, sans autre artifice. La tête figurant en son avant, provient de fouilles plus récentes. Les visages sont sculptés avec des traits marquants et ont une longue barbe sous le menton. Il est possible que ces sculptures, montées sur le plat-bord aient pu être utilisées comme taquet d'amarrage. Ci-dessus, nous pouvons observer les taquets servant à ligaturer les couples aux virures. Il est également intéressant de noter le système de baux/bancs de nage, renforçant considérablement la structure sans trop l'alourdir. Ci-dessous, cette barque à clins fut également découverte dans la tourbière Øster Sottrup. Détail et non des moindres, il semble que les membrures de cette petite embarcation furent, non pas ligaturées, mais fixées par des gournables, à l'instar des bateaux de la période viking. Le reste de l'embarcation reprend cependant les mêmes caractéristiques structurelles que le grand bateau de Nydam. En outre, elle était certainement manœuvrée avec des pagaies et non des avirons. (Photos Damien Bouet, Scheswig-Holsteinische Landesmuseen, Schloss Gottorf, 2014)

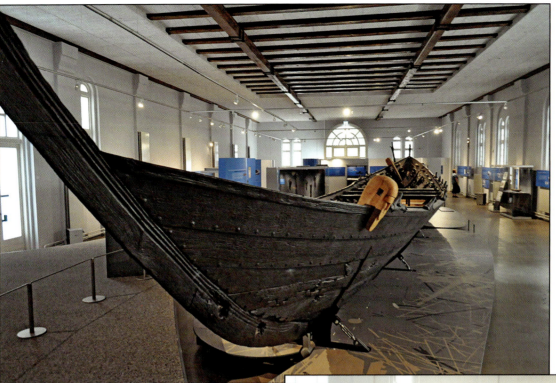

En bas de page : vue du maître-bau du bateau. On voit clairement sur cette photo le système de pontage du navire. Les planches de pont semblent posées sur des baux amovibles. Ce système permettait éventuellement de soutenir la partie basse de la coque, mais surtout de rendre le navire plus confortable pour son équipage. Notons également la finesse de réalisation des taquets des planches de bordés et la courbure impressionnante des membrures. *(Photo Damien Bouet, Scheswig-Holsteinische Landesmuseen, Schloss Gottorf, 2014.)*

Ci-dessus : vue de la proue du navire, on distingue le rainurage opéré sur toute la longueur du bateau, ainsi que les « taquets d'amarrage » à visage. (Photo Damien Bouet, Scheswig-Holsteinische Landesmuseen, Schloss Gottorf, 2014)

Ci-contre : détail d'une dame de nage du bateau de Nydam. L'ensemble est taillé dans un départ de branche et est ligaturé au plat-bord. L'alésage présent au centre de la pièce permet de passer une sangle et de bloquer les avirons. (Photo Damien Bouet, Scheswig-Holsteinische Landesmuseen, Schloss Gottorf, 2014.)

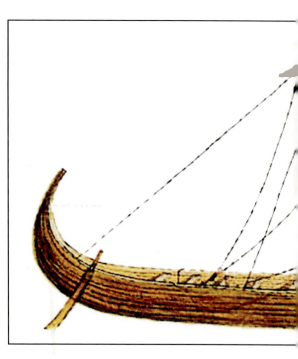

Le bateau de Kvalsund fut exhumé en Norvège en 1920. Outre la courbure particulièrement prononcée de ses extrémités, le navire de Kvalsund semble être le premier exemple connu de bateaux scandinaves gréés. Structurellement parlant, le bateau semble peu adapté à la navigation hauturière. Cependant, ses dimensions (18 x 3,20m) le rendent relativement stable. Il était mû par une vingtaine de rameurs et possède une quille en « T ». Ces quelques modifications structurelles par rapport au bateau de Nydam, permettent de rendre le bateau plus stable et plus maniable. À partir du bateau de Kvalsund, les grandes lignes de la construction à clin médiévale sont lancées et parfaitement maîtrisées. Les navires postérieurs garderont les mêmes principes structuraux.
(dessin Steve Noon, 2002.)

Au IVe siècle, le principe de quille monoxyle en « T » commence à se développer. Sur le bateau de Nydam, nous retrouvons ce que les chercheurs appellent une *keel-plank* (quille-planche). Il s'agit d'une pièce de chêne de 14,30 m pour 57 cm de largeur qui s'affine progressivement aux extrémités. Une large râblure taillée sur la partie inférieure de la quille permet de placer le galbord (premier bordé). À l'instar du bateau de Sutton Hoo, ou même des bateaux norvégiens et slaves de la période viking, l'étrave et l'étambot sont taillés dans une pièce de bois légèrement courbe et assemblés à la quille par une liaison en sifflet chevillé. La râblure présente sur la quille se prolonge sur ces deux pièces, afin d'accueillir l'extrémité des bordés et créer une ligne fluide.

Les cinq virures en planches de chêne sont maintenues par des rivets en fer à tête ronde, après avoir été calfeutrées avec de la laine goudronnée. En effet, durant cette période de transition, les bateaux cousus, à l'instar de la barque de Hjortspring, tendent alors à disparaître au profit du rivetage. Les fouilles archéologiques montrent que l'emploi de rivets pour relier les planches de bordés devient systématique vers 300 ap. J.-C.. Sur le site de Lundeborg (Danemark) fut découverte une grande quantité de rivets neufs et usagés, témoins d'un chantier de construction et/ou de réparation de bateaux durant le IVe siècle. Le bateau de Nydam est la première embarcation découverte dotée de cette innovation technique. Le rivetage permet de construire des bateaux sensiblement plus solides, mais également plus adaptés à la navigation en haute mer. Sur leur face interne, les bordés sont dotés de taquets, placés à intervalles réguliers (environ 1 m), afin d'être ligaturés aux membrures. Les dix membrures, elles aussi monoxyles, sont dotées d'encoches qui épousent parfaitement lesdits taquets. Le haut du couple est bloqué sur la dernière virure, grâce à une tête en forme de crochet. Les bancs de nage sont quant à eux soutenus par des épontilles fixés à leur base dans les membrures.

Du fait de sa forme et de sa conception, le bateau de Nydam se rapproche structurellement des bateaux vikings. Toutefois, la forme rudimentaire de la proue et de la poupe, ainsi que l'absence d'une quille profonde, limite l'utilisation de ce bateau à la navigation côtière ou aux mers calmes. Cependant, c'est très probablement avec ce type d'embarcations que les Scandinaves et Saxons ont commencé à déferler sur la Bretagne insulaire, lors des Grandes Migrations du Ve et VIe siècle. Les guerriers et colons venus principalement de l'ouest du Danemark et du nord de l'Allemagne, firent la traversée vers l'Angleterre sur de longs bateaux et ont continué à exercer leurs talents de charpentiers de marine. Le bateau de Sutton Hoo s'inscrit dans une tradition maritime, vraisemblablement héritée de ces colons scandinaves et saxons.

Kvalsund

Les navires de Kvalsund marquent la transition entre les embarcations de l'antiquité tardive et ceux de la période viking. Structurellement parlant, les caractéristiques qui feront plus tard le « bateau viking » commencent à se préciser. Les deux bateaux furent découverts en 1920 à Herøy en Norvège. Les navires semblent avoir été brisés et jetés dans une tourbière en guise de sacrifice, puis recouverts d'une épaisse couche de tourbe, permettant ainsi de limiter la putréfaction du bois.

Le Kvalsund I est daté par C14 des années 690. Il mesure 18 m de long, pour 3,20 m de largeur et un tirant d'eau de 0,78 cm. La forme du bateau était largement plus ronde que le navire de Nydam, il pouvait donc être davantage chargé. Du fait de sa forme, on suppose que le bateau fut essentiellement utilisé pour de la navigation côtière, peut-être dans des contextes cérémoniels ou simplement pour indiquer le haut statut de son propriétaire. En effet, la hauteur démesurée de la proue et de la poupe est peu compatible avec une bonne tenue en mer. Le second navire, d'une longueur de 9,55 m pour 1,50 m de large, est doté de deux paires de rames. La coque est faite de cinq virures en chêne de chaque côté et de membrures en pin.

Doté de 10 bancs de nage, il pouvait probablement embarquer une trentaine de personnes. Contrairement au bateau de Nydam, le bateau de Kvalsund possède une « vraie » quille, taillée en forme Y dans une bille de chêne. L'étrave et l'étambot, magnifiquement courbés et dotés de râblures, sont taillés dans du bois tors et amorcent le type de formes que l'on retrouvera durant la période viking. L'étrave est par ailleurs décorée d'un petit serpent sculpté, courant entre le dernier bordé et le haut de la proue. Doté de huit virures en chêne, il garde le même système de fixation aux varangues que le bateau de Nydam. Les bordés sont ainsi dotés de taquets sur lesquels les membrures viennent se ligaturer.

En outre, ce navire pourrait être le premier exemple du bateau gréé connu. Lors des fouilles, les archéo-

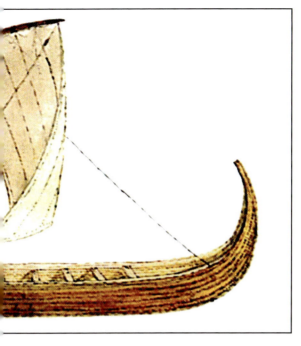

vraisemblablement une aristocrate et sa suivante. Cette pratique funéraire est d'ailleurs décrite dans le récit d'Ibn Fadlan, lors de sa rencontre avec des *Rus* sur le cours de la Volga. Ces deux femmes étaient accompagnées d'un très luxueux mobilier funéraire, ainsi que de quatre chevaux et un bœuf.

D'une longueur hors-tout de 21,58 m pour une largeur de 5,10 m et une hauteur au plat-bord de 1,58 m, l'Oseberg est considéré comme le premier représentant des bateaux de classe *karver*, maintes fois décrite dans les sagas. C'est-à-dire un bateau luxueux, construit pour l'usage personnel d'un aristocrate. Malgré la présence d'un liston sur le dernier bordé, certainement destiné à porter des boucliers, le bateau d'Oseberg reste bien éloigné des bateaux de guerre et ne devait servir qu'à régater. À l'instar des autres bateaux découverts dans le Sandfjord, l'Oseberg présente une grande coque ouverte, aménagée pour être manœuvrée à la rame et/où à la voile. Il pouvait embarquer 35 personnes, mais pouvait probablement être manié en équipa-

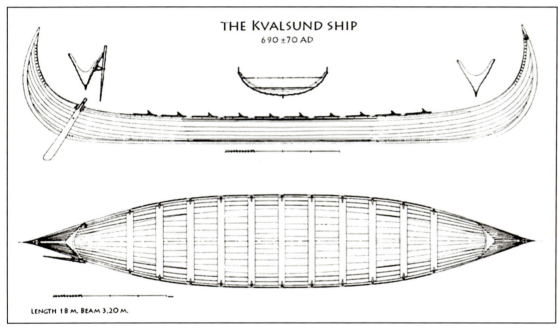

THE KVALSUND SHIP
690 ±70 AD

LENGTH 18 M. BEAM 3,20 M.

Plan détaillé du navire de Kvalsund. (plan FR. Johannessen, 1929.)

logues ont en effet retrouvé de potentiels morceaux de mats. Il s'agit de trois-pièces oblongues et légèrement effilées, ainsi que des cordes en orties. Haakon Shetelig et Frederik Johannessen n'ont toutefois pas réussi à attester le gréage du navire lors des fouilles du bateau en 1920. Cependant, l'expérimentation réalisée sur la copie du Kvalsund I, a donné de bons résultats, lors de sorties sous voile. La quille peu profonde est satisfaisante pour tenir un cap et le gréage ne semble pas déséquilibrer le bateau.

Oseberg

Le bateau d'Oseberg fut découvert en 1904 dans une ferme à Slagen (secteur de Tonsberg) dans le Sandfjord. Il était inhumé dans un tertre funéraire de 44 m de diamètre pour 6 m de hauteur et contenait la chambre funéraire de deux femmes,

ge réduit avec un minima de sept équipiers. L'ensemble représentait alors un déplacement de 11 tonnes. La coque est percée par trente trous de nage circulaire, avec une fente remontante, pour permettre le passage des rames par l'intérieur du navire. La paire de trous, située de part et d'autre à l'avant du bateau, ne doit pas être interprétée comme des trous de nage, mais plus vraisemblablement comme des chaumards, afin de passer les aussières pour l'amarrage du bateau. Ils ne sont d'ailleurs pas dotés d'une fente pour le passage des rames, renforçant ainsi notre théorie.

Structurellement parlant, le navire n'était pas adapté pour de la navigation hauturière, mais plutôt pour croiser sous la protection des fjords. En effet, la quille en forme de T, d'une longueur totale de 19,80 m, est composée de deux pièces de chêne assemblées par une liaison en sifflet rivetée, for-

Le bateau d'Oseberg est considéré comme étant l'un des plus beaux bateaux de Scandinavie médiévale. Sa proue illustre d'ailleurs bon nombre des ouvrages relatifs au monde viking. Il fut exhumé en 1904-1905 et était contenu dans un large tumulus funéraire près de la ferme Oseberg, dans la région de Tønsberg en Norvège. La majorité du bateau fut construit en chêne dans les années 820. Le navire est principalement connu pour sa proue et sa

poupe entièrement sculptées dans le style éponyme « Oseberg ». D'une taille modeste de 22m de long pour 5m de large, avec un mât d'approximativement 9 à 10m et doté d'une voile de près de 90m², ce bateau pouvait atteindre une vitesse d'environ 10 nœuds. Il était manœuvré par un équipage d'environ 35 personnes. Malgré son apparence solide, le bateau reste cependant relativement fragile sur le plan structurel. Il devait probablement être utilisé pour croiser dans les fjords norvégiens. Le bateau est maintenant exposé dans une salle du musée des bateaux vikings d'Oslo. Une magnifique réplique mise à l'eau en 2012, le Saga Oseberg, peut maintenant être admirée dans le port de Tønsberg, non loin d'Oslo. (Photo Thibaut Grimaldi, Vikingskipshus et Kulturhistorisk museum Oslo, 2009).

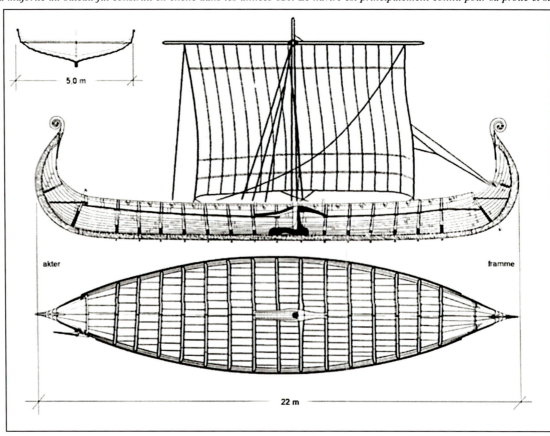

mant un point de fragilité. Le galbord vient se riveter sur la largeur de la quille, avant de progressivement s'enquiller dans une râblure et ainsi créer la jonction avec l'étrave et l'étambot. L'étambot est lui aussi en deux parties, tandis que l'étrave est taillée en une pièce. L'ensemble forme ainsi un magnifique assemblage de pièces sculptées, sur lequel viennent se superposer les bordés. La coque est composée de douze virures rivetées et calfeutrées par de laine mêlée à du goudron (les neufs premiers en fond de coque, le dixième en transition et les deux derniers en hauts bords). À l'instar du bateau de Hjortspring ou Nydam, le bordage n'est pas riveté aux dix-sept varangues, mais ligaturé à l'aide de fanons de baleine. Ce mode de construction permet de conserver de la souplesse entre les bordés et les couples, toutefois ce système semble déjà désuet en cette période où les gournables (rivets en bois) sont déjà connues et utilisées pour cet usage (Bateau de Kvalstad, faering de Gokstad).

Pour conclure sur le navire d'Oseberg. Malgré une ligne gracieuse, ce bateau du IXe siècle n'était certainement pas destiné à affronter la haute mer, mais plutôt à régater en eaux calmes à l'instar des yachts de plaisance actuels. Nous connaissons à travers les sagas l'importance de la mer et des bateaux dans la culture scandinave médiévale, le bateau d'Oseberg rentrait alors dans l'appareil politique et se devait de montrer à tous, le prestige de son possesseur, d'où le soin mis à l'embellissement et à la décoration du navire.

Cette vue impressionnante de l'étrave du navire d'Oseberg, montre le talent des charpentiers de marine du IXe siècle. Les courbures sont parfaitement maîtrisées, la ligne du bateau reste racée et épurée. (Photo Damien Bouet, Vikingskipshuset Kulturhistorisk museum Oslo, 2009).

Ci-dessus, la magnifique figure de proue ouvragée du navire d'Oseberg. Retrouvée en plusieurs morceaux non loin du mât du bateau, elle fut remarquablement restituée par les équipes d'archéologues qui se sont penchés sur l'étude du navire d'Oseberg. La figure de proue et de poupe forme un serpent, s'enroulant sur lui-même, l'ensemble est entièrement sculpté de décors zoomorphiques. (Photo Damien Bouet, Vikingskipshuset Kulturhistorisk museum Oslo, 2009).

Gokstad

Le navire de Gokstad fut découvert vers 1880 dans une ferme de Sandefjord. À l'instar du navire d'Oseberg, il était recouvert d'un tertre monumental de 50 m de diamètre pour 5 m de hauteur, malgré l'harassement lié aux pratiques agraires sur la parcelle. Le bateau reposait entièrement sur un lit d'argile bleue et a été rempli d'argile durant l'érection du tumulus. Le navire renfermait la chambre funéraire d'un homme, accompagné de douze chevaux et six chiens.

Globalement, le bateau de Gokstad fut construit avec les mêmes techniques que l'Oseberg, nous nous attarderons donc uniquement aux aspects qui les différencient. Il est d'abord plus grand, 23,20 m pour 5,20 m de large et 2,02 m au plat-bord. De plus, bien que le navire de Gokstad semble plus dépouillé et moins luxueux que l'Oseberg, il reste de bien meilleure facture et est structurellement capable de supporter une traversée hauturière. En effet, le bateau est plus haut et emporte donc moins de paquets de mer, la quille est également mieux conçue, elle est taillée d'une pièce, sans raccord, avec un profil plus haut et effilé, afin de rendre l'ensemble plus solide.

Le navire de Gokstad a été longtemps considéré comme le bateau type du Viking, lorsque celui-ci partait en pérégrination à travers l'Europe. C'est incontestablement un bateau remarquable, alliant force et flexibilité, mais également vitesse et tenue en mer. D'une longueur sensiblement équivalente au bateau de Nydam, le Gokstad marque cepen-dant un tournant dans la construction navale à clins. La coque du navire est très largement modifiée pour s'adapter à la navigation sous voile. La quille est plus profonde, afin d'assurer la stabilité de route et fournir un plan anti-dérive. Il est également plus large en son centre, pour accroître la stabilité et la capacité de charges. Les francs-bords sont plus élevé pour éviter d'embarquer des paquets de mer et sombrer dans les profondeurs sombres de l'Atlantique nord. Il ne fait aucun doute que le bateau de Gokstat était adapté à la navigation hauturière. Les différentes expérimentations réalisées avec des répliques de ce navire, attestent d'ailleurs que l'on peut rallier sans crainte la Scandinavie à l'Amérique du Nord.

Le navire de Gokstad durant les fouilles en 1880. Derrière le mât et la baleine, on aperçoit la chambre funéraire du bateau. Cette pratique récurrente de la sphère scandinave, s'est illustrée à travers l'ensemble des territoires et colonies scandinaves. Les plus célèbres restent cependant ceux des tombes de Valsgärde, Sutton Hoo, Oseberg, Gokstad et Ladby. (photo fouilles de Gokstad, 1880.)

1. *Le bateau de Gokstad, exposé dans le hall des navires vikings d'Oslo. Notons le côté imposant du navire et la magnificence de sa conception. On distingue au centre de l'embarcation la baleine, magnifique pièce de chêne permettant de bloquer le mât du bateau. Ce système semble rester centré sur la Norvège, on le retrouve en effet sur le bateau d'Oseberg et celui de Tune. Les constructeurs danois semblent avoir privilégié une carlingue simple. Cependant, les carlingues danoises connues restent très largement postérieures au Gokstad ou aux navires susmentionnés.* (photo Damien Bouet, 2010, Vikingskipshuset - Kulturhistorisk museum Oslo.)

2. *L'imposante proue du navire de Gokstad. Notons l'impressionnante hauteur de quille, permettant au navire de stabiliser son cap lors de la navigation sous voile.* (photo Quentien Dewailly, 2010, Vikingskipshuset - Kulturhistorisk museum Oslo.)

Vue du Skuldelev II, magnifique bateau de type skeið. Au fond, le Skuldelev VI, petit bateau de pêche côtier. (photo Damien Bouet, 2014, Vikingeskibsmuseet Roskilde.)

Les Skuldelev

Roskilde, bourgade située sur l'île de Seeland, se développa très rapidement à la fin de la période viking pour devenir l'une des villes les plus importantes du Danemark, elle devint ensuite capitale. Trois chenaux permettaient auparavant d'atteindre le port de Roskilde, le *Jydedybet*, fermé à l'aide de pierres et de bois (peut-être des vieux bateaux), le *Vimmelskaftet*, chenal particulièrement tortueux et pouvant être fermé par des engins flottants, ainsi que le *Peberrenden* qui fut condamné à l'aide de vieux bateaux, de troncs d'arbres et de pierres. C'est dans ce dernier que furent découverts les différents navires de Roskilde. Il fut érigé suite à un premier dépôt de trois bateaux (Skuldelev I, III & V) vers 1060, puis renforcé par deux autres navires (Skuldelev II & VI) vers 1070. L'objectif de ce système était vraisemblablement de ralentir une potentielle invasion par la mer, afin de laisser suffisamment de temps aux habitants pour préparer la défense de la ville. Malheureusement, il nous est impossible de relier la construction des barrages à des faits historiques, mais s'inscrit parfaitement dans la période de troubles de la fin du XIᵉ siècle.

Les cinq bateaux de Skuldelev nous donnent une vision assez large des différents modèles de navires présents en Scandinavie à la fin de la période viking (793-1066). On y trouve ainsi deux navires de guerre étroits et longs (Skuldelev II et V), deux bateaux marchands ventrus et profonds (Skuldelev I et III) et un petit bateau de pêche transformé en bateau de fret (Skuldelev VI).

Le **Skuldelev I** est un navire destiné à la haute mer de type knarr. D'une longueur de 15,84 m, pour 4,8 m de large et 1 m de tirant d'eau, il fut construit dans le fjord de Sogne (Norvège) vers 1030 et a été manié par 6 à 8 équipiers. Les dimensions imposantes du navire et la qualité de construction de l'ensemble le rendent parfaitement adapté à de la navigation hauturière par gros temps. Il est doté d'une quille dite en « R », taillée dans une solide pièce de chêne. Mention intéressante, le galbord du bateau est en chêne, tandis que le reste des virures a été taillé dans de solides planches de pin. Il fut réparé plus tard et à plusieurs reprises avec du chêne dans le fjord d'Oslo et dans l'est du Danemark. La proue et la poupe ne se sont pas conservées. Toutefois, d'après la forme des extrémités de la quille, nous pouvons en déduire que le Skuldelev I était doté d'une étrave et d'un étambot de type « V » (voir chapitre suivant). Autre élément intéressant, les membrures sont taillées dans de grosses pièces de chêne, tandis que la majorité des jambettes sont en tilleul. Il peut s'agir de réparations ou d'un choix des constructeurs afin de donner de la souplesse à la coque. Le bateau était ponté à l'avant et à l'arrière et comportait au milieu une large cale ouverte. Le navire pouvait être la propriété d'un notable, ou bien de marchands associés navigant pour faire du commerce sur les différents marchés de Scandinavie. D'après les expérimentations réalisées sur la réplique du Skuldelev I, par vents favorables, le bateau pouvait maintenir une vitesse moyenne de 5 à 7 nœuds.

Le **Skuldlev II** est également un navire hauturier, mais de type *skeið*. Le bateau mesure environ 30 m, pour une largeur de 3,8 m et un tirant d'eau de 1 m. Il fut construit dans la région de Dublin (Irlande) vers 1042. Avec un équipage de 65 à 70 guerriers, il rentre dans la catégorie des navires des grands personnages que l'on retrouve dans les sagas. L'état de conservation du bateau rend l'analyse structurelle du bateau complexe. Cependant, au vu des dimensions du navire, il est certain que la quille fut taillée en deux voire trois pièces de chêne. L'étrave et l'étambot sont formés en quatre pièces de chêne qui s'embrèvent grâce à des liaisons en sifflet. Les arrivées de virures sculptées donnent une belle ligne à la proue et à la poupe. L'ensemble des planches des vingt-quatre bordés, a été taillé dans du chêne irlandais. Il fut cependant de très nombreuses fois réparé, en particulier au niveau des premières virures. L'ensemble du « squelette » du navire, membrures, baux, jambettes, est également en chêne, fixé aux virures par des gournables. Avec ses 60 avirons et sa voile de 112 m², il assurait une bonne progression en mer. La réplique du Skuldelev I, le *Havhingtsen fra Glendalough,* a atteint une vitesse moyenne de 2,5 nœuds avec seulement 30 rameurs et 12 nœuds sous-voile.

Le **Skuldelev III** est un caboteur de type *byrðing*, destiné à la fois au fret et au transport de passager. Le bateau fut construit vers 1040 au Danemark. Il a l'avantage d'être particulièrement bien conservé et a par conséquent fait l'objet de nombreuses études expérimentales. D'une longueur de 14 m, pour 3,3 m de large et 0,9 m de tirant d'eau, l'équipage devait compter entre 5 et 8 hommes. La quille, taillée dans une pièce de chêne, est en forme de « U ». L'étrave et l'étambot du Skuldelev III, restent certainement les plus belles pièces de cet élégant bateau. Taillées en une pièce, elles relèvent d'une réelle étude métrologique des proportions. Elles donnent au bateau une ligne épurée et comprennent les arrivées de virures. Les seize bordés sont en chêne, fendu radialement pour les virures basses et tangentiellement pour les deux derniers bordés. Certainement de façon à obtenir des planches plus épaisses et créer une préceinte sur les hauts bords du navire. Les membrures, baux,

jambettes, sont également en chêne, fixés aux virures par des gournables. Il était doté d'un pont amovible à l'avant et à l'arrière, mais également d'une cale ouverte, pouvant contenir environ 4 tonnes de cargaison. Ce type de bateau pouvait servir à transporter les paysans à travers les fjords.

Vue de l'étrave du Skuldelev III, il s'agit ici d'une copie. L'originale, conservée et exposée dans le musée des navires vikings de Roskilde (Danemark) était trop déformée pour être remontée sur le navire. (photo Damien Bouet, 2014, Vikingeskibsmuseet Roskilde.)

Le Skuldelev III est également adapté à la navigation sur les mers danoises ou sur la Baltique. L'accastillage particulièrement complexe semble indiquer que le bateau naviguait principalement à la voile. Cependant, la coque est dotée de trous de nage à l'avant et à l'arrière, permettant de faciliter les manœuvres d'appareillage ou d'accostage. Le *Roar Ege*, une réplique du Skuldelev III, a atteint 8,5 nœuds en vitesse de pointe. Cependant, par vent favorable, il naviguait certainement à une vitesse moyenne de 4-5 nœuds.

Le **Skuldelev V** est un petit bateau de guerre côtier de type *snekkja*. D'une longueur de 17,30 m, pour une largeur de 2,5 m et un tirant d'eau de 0,6 m, il fut construit au Danemark vers 1030. Avec ses 13 couples d'avirons, il embarquait un équipage d'environ 30 guerriers. Ce bateau se distingue par une hétérogénéité totale des matériaux de construction. Il a en effet été construit en chêne, frêne et pin, bois provenant en partie du recyclage d'autres embarcations. La quille en « T » est constituée de trois pièces de chêne, assemblées par une liaison en sifflet. À l'instar du Skuldelev III, le Skuldelev V dispose d'une étrave et d'un étambot monoxyle en chêne, où viennent se placer les extrémités des virures. Cependant, l'étude métrologique de l'étambot semble indiquer qu'il était à la base conçu pour recevoir une virure supplémentaire. Les bordés, au nombre de sept par côtés, sont en chêne pour la partie basse et en planches de pin recyclées pour la partie haute. Une planche en frêne de récupération a également été utilisée lors de la construction du bateau. Le long du bordage supérieur existait un liston en aulne qui retenait les boucliers. Les membrures, baux, jambettes, sont également en chêne, fixés aux virures par des gournables. Le Skuldelev V était adapté pour les eaux danoises et la Baltique. Cependant, l'hétérogénéité globale et la pauvreté de réalisation de ce bateau, semble indiquer qu'il est le fruit d'une *leidang*, une levée maritime. Il fut certainement construit par des paysans d'un petit *skipreiðar* (district maritime), pour fournir au roi pendant une durée de deux mois, un navire armé pour la guerre. Le Skuldelev V pouvait croiser à vitesse moyenne de 6-7 nœuds par vent favorable, et réaliser des vitesses de pointe de 12-13 nœuds.

Le **Skuldelev VI** est un petit caboteur, vraisemblablement construit pour la pêche et la capture. D'une longueur de 11,2 m, pour une largeur de 2,5 m et un tirant d'eau de 0,5 m, le bateau a été construit dans le fjord de Sogne en Norvège vers 1030. Il pouvait embarquer de 5-15 hommes et était adapté, lors de sa construction, à la navigation sous voile ou à la rame. La quille en forme de « R » est taillée dans une pièce de chêne. Nous n'avons aucune trace de la proue et de la poupe. Cependant, la forme des virures à la proue laisse supposer que le Skuldelev V était doté du même type d'étrave et d'étambot que le Skuldelev III et V. L'ensemble des bordés de la phase de construction est en pin. Cependant, lors d'une modification du bateau, son bordage a été surélevé d'une planche de chêne de part et autre, en vue du transport de poisson, d'autre fret ou de personnes. Détail intéressant, les membrures sont en aulne, les baux en pin, et les jambettes sont alternativement en chêne et en pin. L'ensemble de ces pièces est fixé aux virures par des gournables. Chose singulière, tandis que sur l'ensemble des bateaux de Skuldelev la carlingue est en chêne, étonnamment sur le

Tillac du Skuldelev I, reconstitué dans le musée des navires vikings de Roskilde. Notons la largeur du bateau et la section imposante des couples. (photo Damien Bouet, 2014, Vikingeskibsmuseet Roskilde.)

Skuldelev VI, elle a été taillée dans une pièce de bouleau. La forme générale du bateau rapproche le Skuldelev VI et se rapproche d'une *skuta* ou d'un grand *fiskerbátr*. Cependant, les modifications structurelles apportées au navire, semblent indiquer que le bateau a plutôt servi au transport qu'à la pêche. De plus, lors des transformations, les dames de nage pour les avirons ont été supprimées, indiquant que le bateau a navigué avec un équipage réduit. D'après les expérimentations réalisées sur le *Kraka Fyr*, la réplique du Skuldelev I, par vents favorables, le bateau pouvait maintenir une vitesse moyenne de 4 à 5 nœuds et faire des vitesses de pointe à 10-12 nœuds.

Chargement du Skuldelev I, reconstitué dans le musée des navires vikings de Roskilde. (photo Damien Bouet, 2014, Vikingeskibsmuseet Roskilde.)

La figure de proue

Vue de la figure de proue de la réplique du navire de Ladby. On note la « crinière » en spirales de fer. (photo Damien Bouet, 2014, Vikingemuseet Ladby.)

par François-Xavier Dillmann, dans sa communication sur la navigation et la croyance magico-religieuse dans la Scandinavie ancienne. Ainsi, pendant la période viking, les auteurs prennent d'ailleurs le soin de différencier les *höfuðskip* (« le bateau avec une tête ») des simples bateaux. D'après ces mêmes auteurs, la figure de proue avait généralement la forme d'une tête animale. On retrouve ainsi un certain nombre de mentions de figures en forme de serpent ou de dragon dans la littérature scandinave. Le navire était alors envisagé comme un très long serpent, à l'instar du *Ræsinaðr* (le Splendide Serpent) du roi Haraldr Hárfagri ou du *Ormen Lange* (le Grand Serpent), d'Olaf Tryggvason. Progressivement, les poètes norrois ont simplifié les descriptions typologiques en appelant *dreki* les grands navires de guerre (probablement de type *skeið*) dotés d'une figure de proue à tête de dragon.

Bien que l'imagerie romantique a principalement retenu les fiers *drekar* de la *Knútsdrápa* ou de la *Heimskringla,* il existait également d'autres types de figures zoomorphiques. Au vu des nombreux *kenningar* (métaphores poétiques) liés à la sphère équine, des figures de proue hippocéphales devaient très largement équiper la flotte de guerre scandinave. Ainsi les poètes présentent les navires comme étant « le cheval des flots » ou « le coursier des vagues » ou « le destrier des détroits ». Il est toutefois important de nuancer notre propos, puisque ces différents *kenningar* peuvent faire référence, non pas à la figure de proue, mais à la forme ou l'allure du bateau. Cependant, l'hypothèse des figures hippocéphales se confirme d'ailleurs par l'étude iconographique. On retrouve en effet, sur la pierre historiée Smiss I de Stenkyrka (île de Gotland), un bateau doté d'une figure à tête de cheval. Le pétroglyphe de Bakkehaugen (Norvège) ou de Boglösa (Suède) présente également des figures de proue en forme de tête de cheval. Plus rarement, on retrouve dans les sagas d'autres types d'animaux. Ainsi dans la *Brennu-Njáls saga* l'auteur utilise un *kenning* en rapport avec le griffon. Cette figure du griffon se retrouve également sur la figure de proue de la pierre runique de Tullstorp (Suède). Dans la *Hauksbók,* le *Landnámabók* et le *Skarðsárbók,* on apprend qu'une représentation de tête de taureau était placée au sommet de l'étrave. Dans la *Heimskringla*, on apprend que le roi Olav Haraldson (particulièrement connu en Normandie sous le nom de saint Olaf) avait fait construire un navire de très grande taille nommé *Visundr* (le Bison), il est également précisé que l'étrave de ce bâtiment était dotée d'une tête de bison. Enfin, le roi Olav fit également construire

La figure de proue, comme chacun le sait, désigne la sculpture ornant l'étrave d'un navire. Bien que structurellement non indispensable, la figure semble pourtant avoir une place prépondérante dans la bonne marche du navire. À travers l'iconographie et les nombreux manuscrits, elle apparaît fièrement dressée à l'avant du bateau. Le courant romantique a forgé l'image du « *drakkar* » doté d'une large figure de proue à tête de dragon. Cette tradition de proue ouvragée perdura du néolithique, via le bateau de Lehtosenjärvi (Finlande) et sa tête d'élan, jusqu'au début du XXᵉ siècle ou les charpentiers de marine sculptaient des divinités, des femmes ou des animaux à la proue des navires les plus prestigieux.

La coutume consistant à placer une sculpture en forme de tête d'animal à la proue des navires est attestée dans les plus anciennes sources littéraires scandinaves et semble largement répandue à travers l'ensemble du monde germanique. L'importance de la figure de proue dans l'univers mental des Scandinaves fut d'ailleurs savamment pointée

Réplique de la figure de proue retrouvée dans la rivière Schelde (Belgique) et datée du IVe-VIe siècle. (réalisation Didier Le Marchant.)

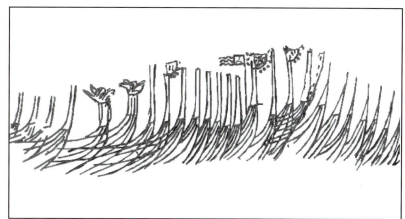

Gravure naviforme sur le bâtonnet de Bergen (Norvège). Cette petite plaquette en bois fut découverte lors des fouilles du port de Bergen. Détail intéressant, certaines proues sont dotées d'une figure de proue, d'autres de girouettes ou de fanions, certaines étraves sont également vierges de toute fioriture. (dessin Erik Groult 2014, d'après Asbjørn E. Herteig.)

tures zoomorphiques à l'avant et parfois à l'arrière des bateaux se retrouve à travers toute la Scandinavie et plus largement dans la sphère septentrionale des peuples germaniques, durant plusieurs millénaires. Les raisons et la signification de ses sculptures parfois complexes, à l'instar de celle de l'Oseberg ou du navire de Ladby, restent cependant obscures. De nombreux scientifiques se sont penchés sur cette question. Les premiers chercheurs à s'être penchés sur la question estimaient que la

un grand bateau nommé *Karl- hofði* (« Tête d'homme »), doté d'une figure de proue représentant une tête de roi. Les différentes sources s'accordent d'ailleurs pour dire que ladite tête fut sculptée par le roi en personne. La sculpture pouvait ensuite être rehaussée par des matériaux métalliques. Dans l'*Encomium Emmae Reginae*, écrit vraisemblablement vers 1040-1041, l'auteur souligne la beauté des figures de proue lamées d'or, montées sur les navires du roi Sven Estridsen. Plus tardivement, on apprend dans la *Hákonar Saga Ívarssonar* que le roi, soucieux de la beauté de sa flotte, « *fit alors mettre en place les têtes lamées d'or* ». L'étrave du bateau de Ladby (Danemark) était quant à elle décorée de fines spirales en fer, disposées le long du cou d'une tête de dragon. En parallèle, la découverte dans l'*emporium* fortifié de l'île de Björkö (Suède) d'un moule, possédant les mêmes spirales et permettant de donner un « visage » à la figure de proue du bateau de Ladby. Des spirales semblables furent également découvertes dans les navires funéraires de la nécropole de Valsgärde (Suède), notamment au sein de la sépulture VII.

Nous l'avons vu, les figures de proue sont largement attestées par l'iconographie et les sources manuscrites. Cette coutume de placer des sculp-

Évocation de figure de proue, réalisée pour le navire Vinland. (Réalisation Didier Le Marchant.)

figure ne serait qu'un « épouvantail à quidams » et aurait pour fonction d'effrayer les futures victimes des raids normands. Cette hypothèse reste cependant peu probable, les raids scandinaves n'étaient pas uniquement ciblés contre des peuplades du royaume franc ou saxon. En effet, les sagas font régulièrement mention de querelles et de raids opposants deux clans. En outre, les premières représentations de figures de proue sont datées de périodes bien antérieures au premier raid de la période viking – Lindisfarne (793). Pour d'autres, la figure de proue aurait un rôle protecteur, pour surmonter les tempêtes et les monstres marins. Cependant, aucune donnée ne permet d'étayer ce propos. Les sagas généralement généreuses en détail, restent muettes sur une éventuelle fonction apotropaïque de la figure de proue. Cependant, en recoupant les données ethnoarchéologiques, cette hypothèse semble probable. En effet, durant la très longue histoire des peuples européens, les étraves sculptées restent omniprésentes. Les plus prosaïques diront qu'il ne s'agit que d'un détail ornemental, visant à montrer la richesse du propriétaire du navire. Toutefois, de par l'Europe, les différentes peuplades semblent accorder un rôle salvateur aux figures de proue, notamment durant l'Antiquité Romaine.

Le rôle « magique » de la figure de proue se reflète également dans des détails plus ténus. Sur la Tapisserie de Bayeux, on retrouve des figures zoomorphiques, l'observateur attentif remarquera que, sur la scène du débarquement à Pevensey, les figures de proue ont disparu. Laissant apparaître un simple alésage à la tête de l'étrave, évoquant certainement l'emplacement d'une cheville de fixation. Ce détail iconographique, renvoie à une tradition beaucoup plus ancienne, et encore d'actualité en Islande bien après l'aventure normande en Bretagne insulaire. Dans les lois d'*Ulfljótr*, on apprend que les navigateurs étaient priés *« de démonter les têtes avant d'arriver à vue d'une terre et de ne pas faire voile vers le rivage avec des têtes largement ouvertes ni avec une gueule béante, afin que les génies du pays (landvættir) n'en fussent effrayés »*. Cette notion de *landvættir* (censés protéger un pays, une contrée, voire un domaine) est d'ailleurs particulièrement vivace puisque, dans l'*Egils saga* (principalement composé au XIIIᵉ siècle, à partir d'une tradition orale païenne), l'auteur raconte que *Egill Skalla-Grímsson*, en plantant une tête de cheval sur une perche de coudrier gravée de runes, chassa les esprits tutélaires de l'île de Herðla, jusqu'à la disparition du roi Eiríkr et de sa femme Gunnhildr. On ne sait si les *landvættir* furent déstabilisés à la vue de cette tête de cheval, mais peu de temps après cet étrange spectacle, le roi et la reine de Norvège disparaissaient. Cet épisode de la saga d'Egil, met en relief une croyance vraisemblablement païenne, selon laquelle les génies tutélaires pouvaient être frappés de frayeur lorsque des têtes d'animaux étaient dirigées contre eux. La crainte de perdre les *landvættir,* et donc de voir le pays sombrer dans

Proue restaurée du navire Oseberg. La différence de couleur identifie la partie supérieure qui a été reconstituée avec les fragments retrouvés dont les extrémités spiralées rappelant ce qu'on voit sur les stèles de l'île de Gotland. (Univ. Old-saksamling.)

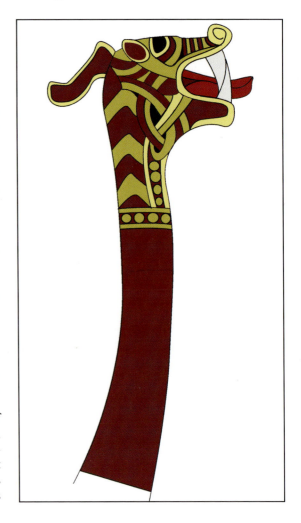

Dessin de la figure de proue de la réplique du Skuldelev V, construite par l'association Voiles Norroises. Le tracé est basé sur l'épingle de la fin Xᵉ siècle de Hedeby (Allemagne). (DAO Damien Bouet, 2014.)

Évocation de figure de proue, basée sur une canne de Dublin. (photo Damien Bouet, 2014, réalisation Didier Le Marchant)

l'instabilité et le chaos, poussa les Scandinaves à développer des lois régissant l'emploi des figures de proue. Le Duc Guillaume, se rappelait peut-être encore en 1066 de cette ancienne coutume venue du Nord, il fit alors démonter les figures de proue pour ménager les génies tutélaires de la Bretagne Insulaire, l'Angleterre. L'archéologie permet également d'éclaircir cette particularité culturelle. Ainsi la figure de proue du navire d'Oseberg, qui illustra par ailleurs bon nombre d'ouvrages sur les Vikings, ne fut pas retrouvée *in situ* montée sur l'étrave du bateau, mais démontée et placée en sécurité près du mât.

Construire un bateau

Ce fier charpentier s'affaire à abattre un arbre avec une longue hache à deux mains. (dessin Erik Groult, 2014)

À travers cette troisième partie, nous tâcherons de présenter de façon exhaustive les différentes étapes permettant de construire un bateau durant la période viking. Là encore, une étude cumulée des textes et des découvertes archéologiques permettent de dresser un portrait cohérent du déroulement d'un chantier naval durant cette période. De plus, nous avons la chance de posséder quelques sources iconographiques, telle que la Tapisserie de Bayeux, pour compléter la très large documentation déjà disponible sur cette thématique.

Outillage

Globalement, l'outil principal du charpentier de marine durant la période viking reste la hache. Il en existe quatre types différents. La grande hache à deux mains, pour abattre les arbres et les dégrossir. La doloire, hache large et désaxée, utilisée pour la finition des bordés, membrures et étraves. La petite hache à une main pour le travail de finition. Ainsi que la hache dite « étroite », pour tailler le profil des étraves. En plus de ces outils, les Vikings disposaient d'outils plus techniques, tels que le rabot et les racloirs à fer à profil pour décorer les bordés et membrures ou les coins et les masses pour fendre les grumes. Enfin, les ciseaux, gouges, tarières, marteaux, maillets, filières, scies et serre-joints, venaient compléter la caisse à outils du charpentier de marine. Le coffre de Mästermyr, découvert sur l'île de Gotland, est très certainement un parfait exemple de l'équipement d'un charpentier en Scandinavie médiévale. En effet, il comprend l'ensemble de l'outillage nécessaire au travail du bois et du fer.

Par ailleurs, bien que quelques scies furent découvertes en contexte viking (Mästermyr ou York) et que la tracéologie a révélé à de nombreuses reprises l'utilisation de la scie en tabletterie ou menuiserie, les navires vikings semblent vierges de tout coup de scie, même malheureux. De nombreuses mentions du sciage en long existent pour la période antique et médiévale. En effet, le poète Ausone parle au IVe siècle du sifflement strident de la scie, en 1040 un vocabulaire technique existe dans l'est de la France pour parler de la scie mécanique (« Mareschian » ou « Reisse » en Franche-Comté et « Raisse » en Savoie) et le traité de 1284 sur les scieries de la Terre de Salm (Vosges) fait mention des « *molins por soier les planches* », des scieries actionnées pour la force hydraulique donc. Toutefois, les Scandinaves semblent avoir privilégié l'écalage des billes et le dressage des planches à la doloire. Cette technique, bien que particulièrement gourmande en matière première, a l'avantage de produire des pièces qui se déforment peu et ne vrillent pas; contrairement au bois scié.

Chantiers navals et main-d'œuvre

Des bateaux furent construits partout en Scandinavie et pour tous les usages, les lois du *Gulathing* de Bergen stipulent en effet « [...] *Lorsqu'on veut en construire un nouveau* [bateau], *on peut le faire où l'on veut, à condition de ne pas abîmer les champs ou les pâtures.* » Toutefois, la constitution d'une flotte de guerre ou de commerce, nécessite des chantiers parfaitement organisés, placés dans

(suite page 44)

Cet homme taille une planche de bordé à la hache à deux mains. La technique consiste à entailler le fut perpendiculairement à la fibre, puis à dégager de la matière en donnant des coups de hache dans le sens du bois. Le charpentier peut également utiliser une herminette pour débiter sa virure. (dessin Erik Groult, 2014)

Ce jeune homme attend patiemment du travail. Il tient dans ses mains une hache typique de la période viking. La forme en losange de la douille se retrouve en effet à travers toute la Scandinavie et sa sphère d'influence. (dessin Erik Groult, 2014)

Ce charpentier s'affaire à percer les taquets de cette planche de bordé avec une tarière, afin de passer les liens organiques qui permettront de lier les membrures aux virures. (dessin Erik Groult, 2014)

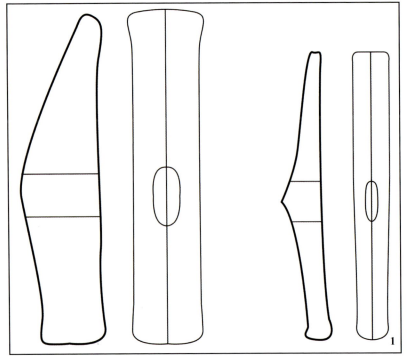

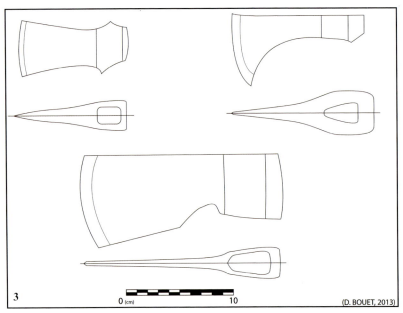

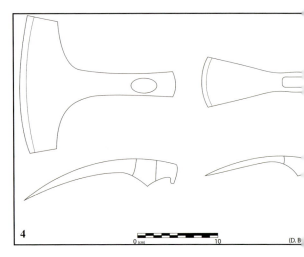

1. *Masse et marteau de Mastermyr.* (DAO Damien Bouet, 2014.)

2. *Arbre représentant la provenance des différentes pièces d'un bateau dans un arbre : 1. bau. 2. jambette. 3, 4, 5 et 6. membrure. 7. dame de nage.*

3. *Haches de Mastermyr.* (DAO Damien Bouet, 2014.)

4. *Herminettes de Mastermyr.* (DAO Damien Bouet, 2014.))

5. *Doloire de Hedeby.* (DAO Damien Bouet, 2014.)

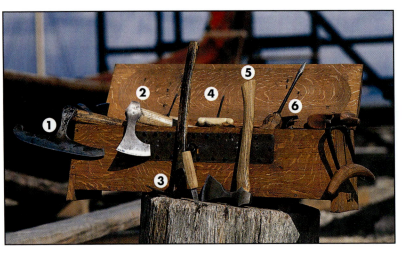

Répliques d'outils de la période viking. 1 : doloire. 2 : hache. 3 : herminette. 4 : tarière. 5 : hache. 6 : gouge. (Musée des bateaux vikings de Roskilde, Danemark.)

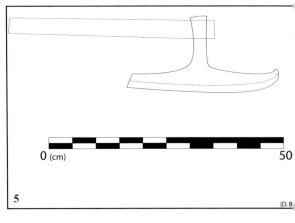

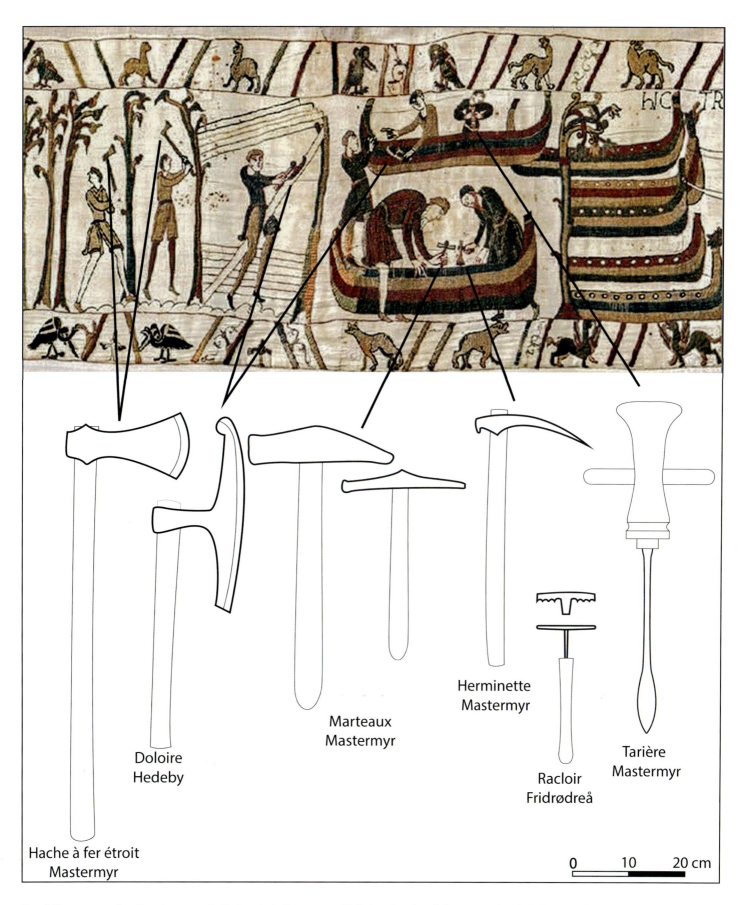

Hache à fer étroit
Mastermyr

Doloire
Hedeby

Marteaux
Mastermyr

Herminette
Mastermyr

Racloir
Fridrødreå

Tarière
Mastermyr

0   10   20 cm

Les différents types d'outils présents sur la Tapisserie de Bayeux et utilisés dans la scène de la construction de la flotte de Guillaume le Conquérant.
(DAO Damien Bouet 2014.)

Tarière à cuillère basée sur les fouilles de Mastermyr (Suède), Xᵉ siècle, pour la partie métallique et sur la Tapisserie de Bayeux, pour la partie en bois. (photo Damien Bouet 2014, réalisation Didier Le Marchant.)

Détail de la Broderie de Bayeux montrant l'utilisation d'une tarière dans la construction navale. (Avec l'aimable autorisation de la ville de Bayeux.)

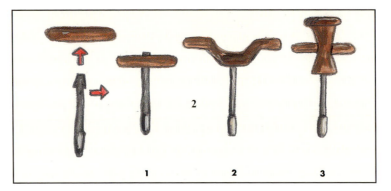

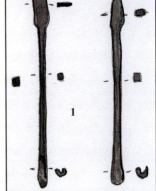

1. *Trois mèches de tarières, typiques des environs de l'An Mil retrouvées sur le site du castrum d'Andone. Voici deux d'entre elles (inv. 216 et 217). La tarière possède de nombreuses utilisations dont celle de creuser des trous dans les pièces de bois pour y insérer des chevilles ; cet outil est utilisé par pression et rotation simultanées. Deux mèches entières et trois fragments ont été trouvés à York, datés des IXᵉ-XIᵉ siècles. Un exemplaire entier, daté du XIᵉ siècle, a été découvert au château de Blois.* (E.Groult/MA d'après M. Linlaud.)

2. *Formes de manches de tarières attestées par l'archéologie : 1-2 : manches retrouvés sur le site de Colletière ; 3 : restitution du manche représenté sur la Broderie de Bayeux.* (E.Groult/MA d'après M. Linland.)

Filière et pelle à charbon, d'après le coffre de Mastermyr (Suède), Xe siècle. (photo Damien Bouet 2014, réalisation Didier Le Marchant.)

Ci-dessus : scie avec manche en bois de cerf, d'après les fouilles d'York (Angleterre), Xe siècle. À droite, petite scie à métaux, d'après le coffre de Mastermyr (Suède), Xe siècle. (photo Damien Bouet 2014, réalisation Didier Le Marchant.)

Ci-dessous : scie à bois et outils à avoyer, d'après les fouilles de Mastermyr (Suède), Xe siècle. (photo Damien Bouet 2014, réalisation Didier Le Marchant.)

À gauche maillet, d'après les fouilles de York (Angleterre), Xe siècle. À droite maillet, d'après les fouilles de Schleswig (Allemagne), VIIIe siècle. (photo Damien Bouet, 2014, réalisation Didier Le Marchant.)

Ciseau à bois et gouge, d'après les fouilles de Mastermyr (Suède), Xe siècle. (photo Damien Bouet 2014, réalisation Didier Le Marchant.)

Ci-dessus, racloir à moulurer et ci-contre, planes courbes, d'après les fouilles de Mastermyr (Suède), Xe siècle. (photo Damien Bouet 2014, réalisation Didier Le Marchant.)

Ci-dessous : à gauche rabot d'après les fouilles d'York (Angleterre), Xe siècle. À droite, d'après les trouvailles de Skraeling Island (Canada), XIe-XIIIe siècle. (photo Damien Bouet 2014, réalisation Didier Le Marchant.)

Cet homme dresse au doloire un bordé. La planche est progressivement affinée jusqu'à obtenir la section souhaitée. (dessin Erik Groult, 2014)

des secteurs précis. On apprend ainsi dans la *Heimskringla* de Snorri Strurluson que les *bakkastokkar* (chantiers navals) de *Niðarós* (Norvège), qui ont, entre autres, servi à la construction du *Ormen Lange* (le « Grand Serpent »), le bateau amiral du roi Olaf Tryggvason au Xᵉ siècle, étaient encore visibles en 1220 lors de l'écriture de cette saga. Les deux seuls sites de chantiers navals découverts (Fribrodre au Danemark et Västergarn en Suède), ont livré une quantité impressionnante de chutes, copeaux, rivets et outils, signes probant de la pérennité de ces chantiers.

Les sagas font mention d'une organisation très hiérarchisée des chantiers. En bas de l'échelle, les quidams anonymes regroupés sous le terme de « *filungar* », employés au débitage des grumes et aux tâches ingrates, mais nécessaires à l'érection d'un navire. Viennent ensuite les équipes façonnant les virures, membrures, varangues, baux, mât et vergue, encadré par le « *skipasmiðr* » sorte de contremaître formé à cette tâche. Enfin, le « *stafnasmiðr* », le chef du chantier et architecte du bateau, veille à la bonne courbure des bordés et au bon déroulement du chantier. Maîtres dans l'art de la construction navale, ils étaient recherchés à travers toute la Scandinavie et se déplaçaient de chantier en chantier.

Choix des matériaux

Sans grande surprise, le bois occupe une place importante dans les matériaux. Cependant, le choix des grumes a une importance toute particulière pour le bon déroulement de la construction et de la vie future du navire. En Scandinavie, le bois de

*Ce **filungr** est en train d'écaler au coin une bille de bois. La technique consiste à placer des coins à intervalle régulier, pour créer une fente et progressivement écarter les fibres du bois. Cette technique, bien que gourmande en matière première, permet d'obtenir des pièces qui se déformeront peu. Pour ce faire, le charpentier utilise de simples coins en bois ou en fer et une imposante masse pour écaler à section les fûts de bois. (dessin Erik Groult, 2014)*

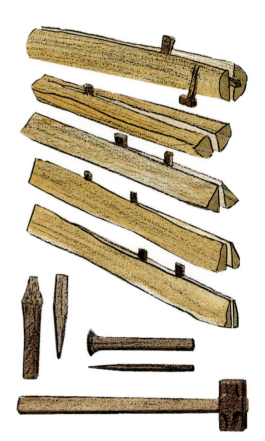

Ce charpentier écorce un tronc à l'herminette. Cette étape permet, d'une part, de plus aisément suivre la fente produite par les coins, mais également de récupérer le liber de l'arbre afin de produire des cordes ou l'écorce (lorsqu'il s'agit de chêne) pour tanner du cuir. (dessin Erik Groult, 2014)

prédilection pour la charpenterie navale reste le chêne. Des arbres pluriséculaires (la majorité des chênes utilisés pour l'Oseberg avaient environ 300 ans) étaient alors abattus pour confectionner les différents éléments du bateau. Cependant, il faut noter une certaine hétérogénéité dans le choix des matériaux pour certains navires découverts (en particulier à Roskilde). Toutefois, d'une façon assez homogène, nous remarquons que le chêne reste privilégié pour les pièces soumises à de fortes contraintes (quille, étrave-étambot, membrures, etc.). On dénote également l'utilisation du frêne et du pin pour former les bordés, voire même de l'aulne (Skuldelev V). Du bouleau est parfois utilisé pour confectionner les bancs de nage et le pied de mat (Skuldelev VI) et du saule pour les jambettes (Skuldelev II). Le sapin, le tilleul, le bouleau et l'érable étaient quant à eux très souvent utilisés pour confectionner les éléments d'accastillage. La principale difficulté lors de la construction d'un chantier réside dans la sélection de bois tors. Il faut en effet attendre le XVIIIᵉ siècle pour que le formage à chaud par étuvage se développe. Il est alors primordial de sélectionner des arbres dont la courbure naturelle permet de confectionner les pièces aux formes complexes (quille, étrave, étambot et membrures) en respectant la fibre du bois.

Ce charpentier effectue une moulure au racloir sur une planche de bordé. En effet, sur les navires vikings, le bas des virures était systématiquement mouluré avec un racloir en fer. De nombreux racloirs furent découverts en Scandinavie en particulier dans le coffre de Mastermyr. (dessin Erik Groult, 2014)

1. *Rivets en fer et car-*
relles, calfat en laine
goudronnée. Technique
présente à travers toute
la Scandinavie durant la
période viking.

2. *Assemblage par gour-*
nables et calfat en
mousse. Technique pré-
sente dans les construc-
tions à clins Ouest Slave.

3. *Clous à pointe retour-*
née et calfat en mousse,
maintenu par une latte
clouée. Technique utili-
sée pour la construction
des cogues.

(Dessins Erik Groult 2014,
d'après O. Crumlin Pedersen,
1997.)

4. *Charpentier portant*
une planche afin de
monter les virures du ba-
teau. (dessin Erik Groult,
2014.)

5. *Gabarit d'un bordé*
dans une planche brute
(dessin Erik Groult, 2014.)

6. *Trois ridoirs (pièces*
pour bloquer les hau-
bans) retrouvés à Hedeby
(Danemark). (dessin Erik
Groult, 2014, d'après O.
Crumlin-Pedersen, 1997.)

Pour assembler les différentes pièces de bois, du fer est également nécessaire. Les archéologues ont ainsi découvert une profusion de rivets de toutes tailles, de section carrée ou circulaire, surmontée d'une tête en « diamant » destinée a être noyée à la surface du bois. Ils sont également dotés de contre-rivures rhomboédriques et légèrement tron-coniques, afin de bloquer le rivet. Il semble éga-lement que certains bateaux étaient dotés d'une bande molle, destinée à limiter l'harassement du pied de quille lorsque le navire était tiré à terre.

Des matériaux d'origines animales ou végétales devaient être rassemblés avant la construction du bateau. Nous l'avons vu, afin de lui conférer une plus grande souplesse, des racines de pin, de tilleul, ou de bouleau furent parfois utilisées pour assu-jettir les allonges des varangues aux genoux des bordés ou pour maintenir le gouvernail sur sa rotu-le. Du liber de chêne et de tilleul était également utilisé pour confectionner les cordages. En outre, pour conférer la plus grande étanchéité possible à la carène, les constructeurs calfeutraient les bor-dés à l'aide de poils de vache ou de bourre de laine,

préalablement imbibés de goudron de pin ou de hêtre. De la peau de morse ou de phoque était également utilisée pour roidir la voile ou confectionner des cordages. Enfin, la construction d'un bateau nécessite des produits textiles, de toute évidence préparés largement en avance, pour confectionner l'imposante voilure.

La quille

La *kjöl* (quille) est l'une des pièces majeures du bateau. Elle lui confère sa rigidité longitudinale et lui permet de remonter au vent en louvoyant. En analysant les navires découverts, on note une très nette préférence des quilles en « Y » en Norvège et des quilles très hétérogènes dans les secteurs sous hégémonie danoise, avec des quilles dites en « R », en « T », en « U » et en « Y ». L'étude réalisée par Ole Crumlin-Pedersen sur cette thématique, montre qu'il n'y a pas de causalité entre le choix de tel ou tel profil de quille, pour tel ou tel type de bateaux. Toutefois, nous estimons que les profils en « T » et en « Y » ont par nature d'excellentes propriétés mécaniques, tout en assurant une très bonne assise du galbord. En outre, le pied de quille proéminent sur ces types de quilles permet, grâce à l'augmentation verticale du plan de dérive, de remonter le vent plus aisément.

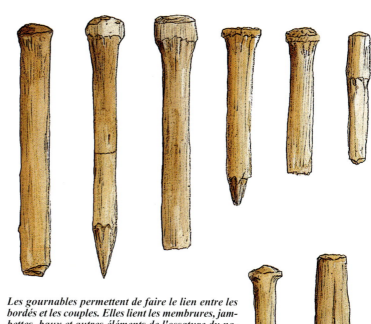

Les gournables permettent de faire le lien entre les bordés et les couples. Elles lient les membrures, jambettes, baux et autres éléments de l'ossature du navire. Elles permettent de donner de la souplesse au navire. Traditionnellement taillées à la plane ou au couteau dans de l'aulne ou du saule, elles sont fendues à moitié et bloquées par un coin en bois. L'image ci-dessus présente différentes tailles de gournables avant assemblage, les deux dernières sont dotées de leur coin. (dessin Erik Groult, 2014, d'après O. Crumlin-Pedersen, 1997.)

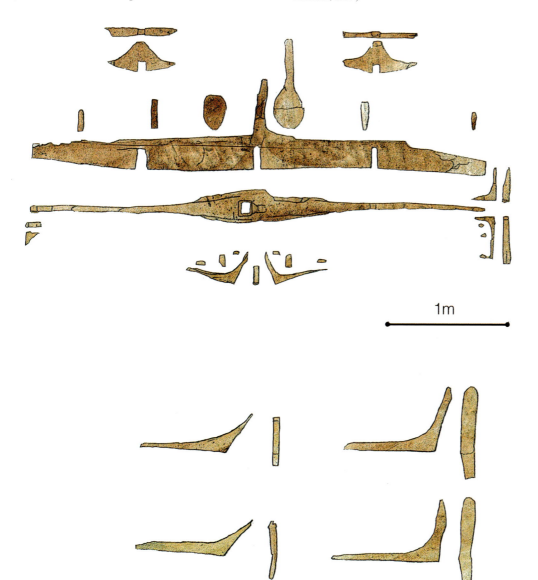

1m

Cette carlingue provenant de l'épave I de Hedeby est une pièce relativement technique à réaliser. Elle sert d'une part à maintenir le pied de mât, mais également à roidir sur le plan longitudinal la quille. Cette carlingue fut réalisée dans un tronc disposant d'un départ de branche prononcé. Ce départ de branche permet de supporter le mât et de bloquer sa course sur le plan vertical. (Dessin Erik Groult 2014, d'après O. Crumlin-Pedersen, 1997.)

47

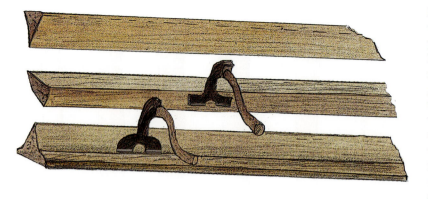

Enfin, suivant les dimensions du navire, plusieurs techniques de tailles sont possibles. En effet, il est possible de tailler la quille d'un quart de bille, pour les embarcations de tailles modestes (de type faering par exemple). Toutefois, pour les bateaux de grandes tailles, il est nécessaire d'écaler l'arbre de façon à créer quatre faces, la quille sera alors travaillée dans le cœur du bois. Afin de ne pas créer des points faibles, les constructeurs tâchaient de tailler des quilles monoxyles. Toutefois, sur les navires de dimensions importantes, les extrémités sont généralement rapportées et liées à la partie centrale par des liaisons en sifflet.

Étrave et étambot

Une fois la quille terminée, les charpentiers taillaient *stafnar* (les « extrémités » désignant sans distinction l'étrave et l'étambot). Véritables œuvres d'art, nécessitant le talent d'un charpentier spécialisé dans cette tâche, « *Stœvnsmed* » (littéralement, le forgeur d'étraves). Du fait de la complexité de réalisation de ces pièces, la loi obligeait les propriétaires de navires à les récupérer en cas de naufrage ou de destruction du bateau, afin de les réutiliser ultérieurement. Elles pouvaient également être taillées à l'avance et conservées dans l'eau, comme en témoignent les ébauches d'étraves, découvertes dans des tourbières sur l'île d'Eigg dans les Hébrides.

Trois types d'étraves-étambots furent découverts en Scandinavie. Le premier type, géographiquement centré sur le Danemark est le plus complexe. Il s'agit d'étraves-étambots sculptés symétriquement, comportant les lignes d'arrivée des différentes virures. D'une remarquable finesse et ren-

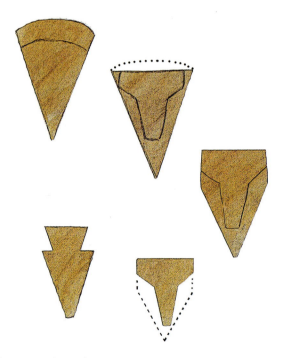

Ci-dessus : près avoir écalé la bille, le pied de quille est dégrossi à la hache à une main. Il est ensuite retaillé à l'herminette pour créer une surface lisse et régulière. Une fois le pied et le dos de quille terminés, le charpentier dispose de deux surfaces de référence pour tailler l'angle du T. Il est alors nécessaire de cintrer la surface de contact avec le galbord, afin de convenablement lier le premier bordé entre la quille, l'étrave et l'étambot. L'angle varie alors sur toute la longueur de la quille et était taillé à l'herminette. (Dessin Erik Groult, 2014.)

Ci-contre : la technique pour confectioner des membrures consiste à tailler progressivement une pièce de bois tors, afin qu'elle épouse parfaitement la forme de la coque. (Dessin Erik Groult, 2014.)

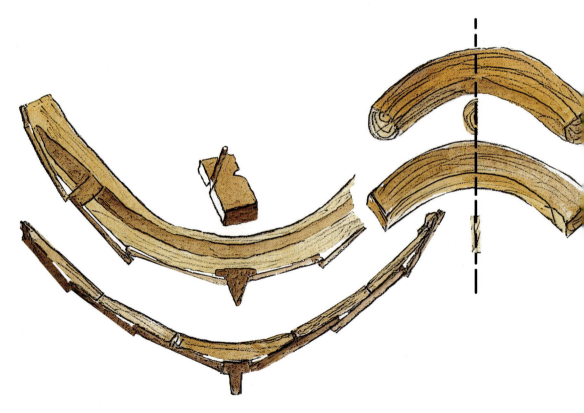

*Ci-dessus et ci-contre : les **stafnar** (extrémités) du navire sont des pièces particulièrement complexes à réaliser. La pièce ci-dessus, provenant du Skuldelev III, est certainement l'une des plus belles étraves conservées. Elle est taillée dans une seule et unique pièce de chêne en bois tors et comprend l'arrivée des différentes virures. Ce type d'étrave nécessite une excellente maîtrise de la métrologie. Elles sont en effet tracées par une astucieuse juxtaposition de cercle, proportionnels sur un même axe. A gauche, un charpentier termine de riveter les virures sur l'étrave.* (Dessin Erik Groult 2014.)

voyant à des notions de métrologie particulièrement pointues, elles étaient également évidées au centre, afin de rendre l'ensemble plus léger. Les bateaux découverts à Roskilde illustrent parfaitement cette technique. Le second type, plus commun en Norvège, se traduit par une longue pièce de bois de section rectangulaire, courbée et dotée de râblures symétriques, taillée dans du bois tors. Techniquement plus simple à mettre en œuvre, l'étrave-étambot forme le prolongement de la quille. Les bordés viennent ensuite se riveter dans les râblures sur le long de la pièce, à l'instar du bateau d'Oseberg ou Gokstad. Ce type de conception, bien que plus simple à mettre en œuvre, nécessite de donner des formes particulières aux extrémités des virures, afin de correctement les placer dans les râblures. Il faut alors débiter les bordés dans des planches plus larges, ce qui induit inéluctablement à des pertes plus importantes. Le dernier type, utilisé de façon anecdotique en Scandinavie, semble réservé à des embarcations de faibles tonnages. De facture grossière, l'étrave-étambot dispose d'un méplat sur sa partie basse, destiné à recevoir le galbord. Les virures supérieures viennent ensuite s'empiler le long de la pièce et sont rivetées deux à deux. L'extrémité des bordés était

très certainement chanfreinée, afin de ne pas casser la ligne hydrodynamique du bateau. Ce type d'étraves-étambot fut principalement utilisé durant la période préviking en Mer Baltique (tel que sur le Mainz III). Il existe toutefois un *unicum* du début du XIIe siècle découvert au Danemark (épave de Plessentrasse/Schleswig), attestant cette technique durant la fin de la période viking.

Bordés, membrures et baux

Une fois l'embrèvement de la quille, de l'étrave et de l'étambot réalisé grâce à une liaison en sifflet, les constructeurs devaient poser le *kjölborð* (galbord), la première virure. De nouveau, plusieurs méthodes sont possibles pour tailler les *borð* (bordés). La technique la plus commune en Scandinavie durant la période viking reste la production de planche par fendage radial du fut. Le tronc est alors fendu en ¼, puis en 1/8, 1/16 et 1/32, formant ainsi de longs et fins morceaux de bois de section triangulaire. Ils sont ensuite rectifiés à la hache, puis dressés à la doloire pour former des bordés. La seconde technique, consiste à fendre la bille en deux, les parties sont ensuite façonnées tangentiellement en bordés. Il est alors possible de tailler des planches plus épaisses. De manière générale,

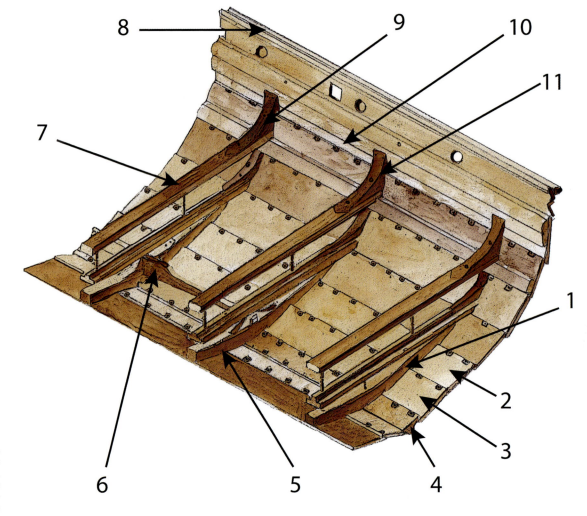

1- *biti (baux)*
2- *borð (bordé)*
3- *kjölborð*
4- *kjölr (quille)*
5- *innvaðr (membrure)*
6- *kerling (carlingue)*
7- *Þopta (banc de nage)*
8- *rípr (plat bord)*
9- *kné (jambette)*
10- *saumr (rivet en fer)*
11- *trésaumr (gournable)*

Ci-dessous : ce charpentier taille à l'aide d'un ciseau et d'un marteau un taquet sur une virure. Ils étaient taillés dans la masse, induisant inexorablement à des pertes très importantes en bois. À titre indicatif, sur le Gokstad, pour des bordés d'environ 30 mm d'épaisseur, les charpentiers ont employé des sections d'environ 70 mm afin de pouvoir tailler lesdits taquets dans les planches de bordés. La perte est alors énorme et les chutes ne peuvent être valorisées. (Dessin Erik Groult, 2014.)

les charpentiers tâchaient d'utiliser des virures d'un seul tenant. Lorsque ce n'était pas le cas, la construction devait alors veiller à ce que les extrémités des bordés ne soient pas placées dans un alignement vertical, pour des raisons évidentes de résistance structurelle. Sur certains navires, tels que l'Oseberg ou le Gokstad, la virure placée au niveau de la ligne de flottaison, appelée *meginhúfer*, était légèrement plus épaisse pour former une préceinte, mais également supporter les chocs et une dégradation plus rapide du fait d'une alternance air/eau constante. Enfin, le dernier ou l'avant-dernier bordé sous le plat-bord, le *róðrarhlutr*, recevait les trous de nages. Lors de la navigation sous voile, des opercules venaient obturer ces trous, pour éviter d'embarquer de l'eau de mer.

Les *innvaðr* (membrures) renforcent la partie basse de la coque. Elles sont taillées dans du bois tors, provenant généralement de branches hautes. Une fois ligaturées ou fixées aux bordés à l'aide de gournables, elles permettent aux virures de conserver leur angle de carène. La difficulté réside dans la nécessité de travailler la pièce sur deux angles. Il faut en effet adapter les varangues à l'angle de carène des virures, mais également à la courbure longitudinale des bordés.

Viennent ensuite les *bite* (baux), traverses posées sur les membrures, dans le sens de la largeur du navire. Ils servent à affermir les bordages et limitent la déformation des varangues sous la contrainte. En outre, pour les bâtiments pontés, ils soutiennent le pont. Ils sont généralement taillés dans des quarts de fûts, simplement travaillés à la hache

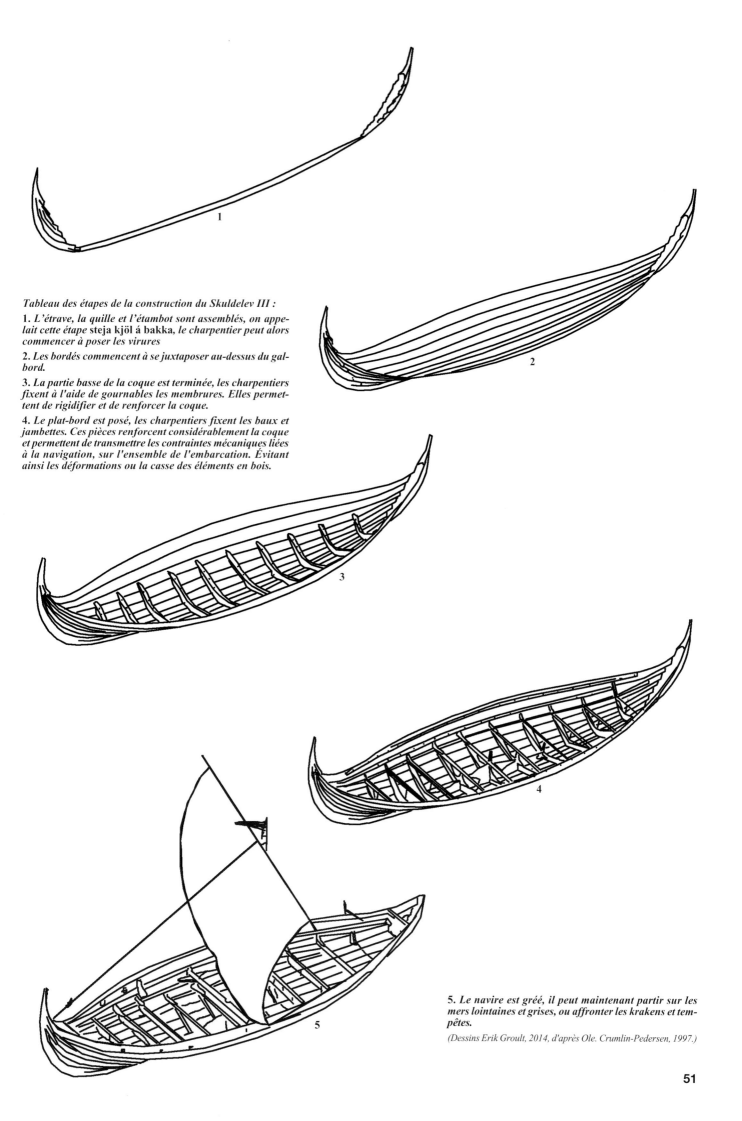

Tableau des étapes de la construction du Skuldelev III :

1. *L'étrave, la quille et l'étambot sont assemblés, on appelait cette étape* **steja kjöl á bakka,** *le charpentier peut alors commencer à poser les virures*

2. *Les bordés commencent à se juxtaposer au-dessus du galbord.*

3. *La partie basse de la coque est terminée, les charpentiers fixent à l'aide de gournables les membrures. Elles permettent de rigidifier et de renforcer la coque.*

4. *Le plat-bord est posé, les charpentiers fixent les baux et jambettes. Ces pièces renforcent considérablement la coque et permettent de transmettre les contraintes mécaniques liées à la navigation, sur l'ensemble de l'embarcation. Évitant ainsi les déformations ou la casse des éléments en bois.*

5. *Le navire est gréé, il peut maintenant partir sur les mers lointaines et grises, ou affronter les krakens et tempêtes.*

(Dessins Erik Groult, 2014, d'après Ole. Crumlin-Pedersen, 1997.)

Cette scène illustre la vie sur un bakkastokkr *ou* Skipasmiðastöð *(chantier naval). Un groupe de charpentiers de marine termine la construction d'une petite* snekkja, *identique au Skuldelev V. On aperçoit les différents corps de charpenterie. Nous connaissons, grâce à la Saga d'Óláfr Tryggvason, les différents métiers présents sur un chantier. La construction d'un navire est gérée par le* stafnasmiðr. *Il sélectionne les arbres en forêt et détermine la forme du bateau. On retrouve ensuite la masse ouvrière non qualifiée, les* filungar. *On retrouve dans cette catégorie les* sumir at fella, *qui abattent les arbres. Les* sumir at telgja *qui rabotent des planches. D'autres, les* sumir saum at slá *qui enfoncent les rivets dans les clins. Les* sumir til at flytja vidu *qui transportent les bois. Ces hommes, bien que moitié moins payés que les maîtres-charpentiers, transmettent dans chacune des pièces une minutie technique et traditionnelle, afin que bateau vogue sans encombre. Diffusant par là même un savoir-faire et les mots qui le désignent. (Dessin de Erik Groult/Heimdal.)*

53

et à l'herminette. Afin d'éviter le phénomène de flambage, les baux sont généralement dotés de *snaeldr* (renforts verticaux), compris entre le centre du bau et le centre de la membrure. Enfin, afin de soutenir les hauts bords, les *kne* (jambettes) sont posées. Elles sont généralement taillées dans les racines jouxtant le fut de l'arbre. Elles reposent sur les baux et peuvent éventuellement supporter les bancs de nage.

Enfin, afin d'éviter le phénomène de « *fouling* » sur la coque, les Scandinaves enduisaient l'extérieur des bordés immergés de « goudron de phoque ». Cette préparation, mentionnée dans la Saga

Ce magnifique knörr provenant de Hedeby (Danemark), vogue sur la mer afin de livrer ses marchandises à bon port. Sur ce dessin, l'on remarque l'importante cargaison que pouvait emporter ce « cargo viking ». Sa forme évasée et sa grande voile lui permettaient de parcourir les mers et océans, afin de rallier les comptoirs commerciaux les plus éloignés de Scandinavie. (Dessin Erik Groult 2014, d'après O. Crumlin-Pedersen, 1997.)

d'Eirik le Rouge, empêche la création du biofilm sur la carène et limite l'implantation des tarets (mollusques s'attaquant aux bois immergés). Composé de goudron végétal et d'huile de phoque ou de baleine, cet antifouling naturel fut expérimenté avec succès sur la réplique du Skuldelev III de Roskilde.

Gréement et voile

Il existe sur les bateaux à voiles deux types de gréements. Les gréements dormant, comprenant les étais et le haubanage (globalement l'ensemble des cordages servant à maintenir le mât), ainsi que les gréements courants comprenant l'ensemble des cordages nécessaire pour manœuvrer et gérer la voile (drisse, écoutes, boulines, etc.). Suivant l'usage du bout (dormant ou courant), il est nécessaire d'adapter le choix des matériaux (végétal ou animal) et sa section. Nous savons entre autres, grâce aux sources écrites, que de la peau de différents animaux (en particulier du morse ou du phoque), du liber de tilleul et de chêne (couche comprise entre l'écorce et l'aubier de l'arbre) et parfois du crin, fut utilisée pour confectionner des cordages. Le chanvre ne semble pas avoir été utilisé en Scandinavie avant le XIVe siècle, l'étude tracéologique réalisée sur les navires antérieurs à cette période exclut d'ailleurs le cordage en chanvre. L'archéologie a quant à elle livré quelques échantillons de cordes marines, toutefois, il est difficile de leur attribuer une fonction ou même de restituer leur position d'origine. Il est donc impossible de se baser sur un gréement conservé ou même décrit pour restituer le gréage des bateaux vikings. Toutefois, les nombreuses expériences réalisées au *Vikingskipet Roskilde* (tout particulièrement sur le *Roar Ege*, la réplique du Skuldelev III), nous permettent de restituer pas à pas le gréement d'un navire.

La corde en écorce est fabriquée avec la fibre située entre l'aubier et l'écorce. Après extraction, il est possible de la filer en toron à l'aide d'un simple crochet. Suite à l'étude expérimentale réalisée sur une réplique du Skuldelev VI, il s'avère que les cordages en écorces sont parfaitement adaptés en gréement dormant. Cependant, du fait de la nature relativement raide de ce matériau, ce type de cordage est sujet aux cassures lors d'un emploi impliquant des poulies et autres systèmes du gréement courant. De plus, il a l'avantage d'être imputrescible et sa résistance est même accrue en milieu humide. Différents cordages en matières animales sont également possibles. La corde en peau (morse ou phoque) est obtenue en tressant des lanières de peau. L'explorateur Froelich Gladstone Rainey, expliquait d'ailleurs que la lanière de morse tressée fut la corde la plus résistante jusqu'à l'invention du câble acier. En outre, les cordes en crin de cheval donnent de très bons résultats. Durant la période viking, le crin était prélevé sur un cheval vivant (le crin d'un cheval mort est plus cassant), puis filé en torons et enfin filé en S

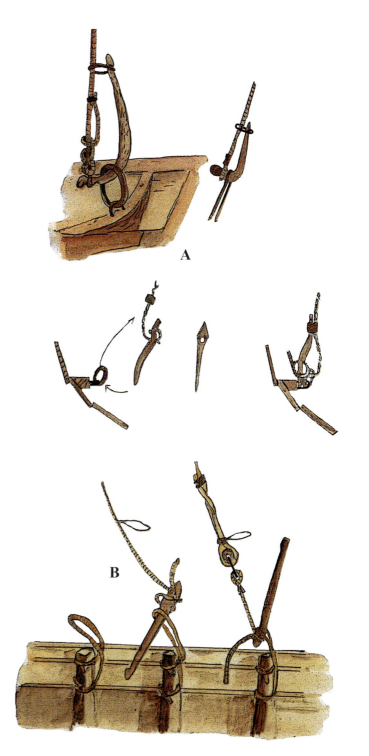

Ci-dessus : les différents systèmes de haubanage plausibles sur les bateaux vikings. Cependant, seuls les ridoirs (pièce de bois servant à régler les haubans) furent retrouvés en fouilles, ces différents systèmes furent développés grâce à l'expérimentation archéologique. Suivant les types, les ridoirs peuvent être fixés à des cadènes (système A) ou être simplement fixés aux jambettes par une corde (système B). (Dessin Erik Groult 2014, d'après O. Crumlin-Pedersen, 1997.)

Ci-dessous : ce racage provient du site du port de Hedeby. Cette pièce en bois tors permettait de relier la vergue au mât. Les deux alésages sur la partie haute permettaient de fixer la pièce à la vergue grâce à une corde. Le mât, lui, passait au centre du racaque, comme en témoigne l'usure prononcée de la pièce en cet endroit. (dessin Erik Groult 2014, d'après Ole Crumlin Petersen 1997.)

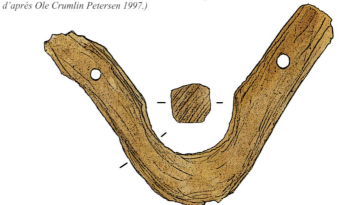

ou Z. Ce type de cordage est particulièrement bien adapté pour le gréement courant. En effet, la corde en crin possède d'excellentes propriétés mécaniques et est très résistante à l'usure. Elle est souple, ne se durcit pas et ne raidit pas au froid.

Les nombreuses sources iconographiques mentionnées au début de cet ouvrage présentent toutes des navires dotés d'une voile quadrangulaire. La voilure d'un bateau pouvait être réalisée en employant diverses méthodes. Cependant, la technique la plus simple reste l'emploi de grandes longueurs de tissus, cousus bord à bord et renforcés par une ralingue courant sur le pourtour de la voile. La qualité de la toile est importante, en mer la voile sera confrontée à d'importantes contraintes et doit être suffisamment résistante pour supporter la charge appliquée par le vent. Cependant, le ralingage a une importance cruciale pour la bonne gestion de la voilure. En effet, l'essentiel de l'énergie appliquée à la voile doit être absorbé par le gréage. Une voile comporte donc un grand nombre de cordages, destinés à roidir la voile et à disperser l'énergie sur l'ensemble du bateau, mais également à gérer et orienter la voilure.

Il n'existe pour le moment aucune donnée archéologique viable de voile, à proprement parler « Viking ». En effet, les fragments de toile découverts en corrélation avec le bateau d'Oseberg ou de Gokstad ne sont pas suffisamment bien conservés pour permettre de connaître leur fonction. En outre, seul un fragment de tissus, daté du XIIIᵉ siècle et découvert dans la toiture de l'église de Trodenes (Norvège), pourrait provenir d'une voile. Il est en effet doté d'un bout et d'un œillet, qui pourrait être un œillet de ris. Cependant, nous savons grâce à certaines sources écrites que le *vadmàl* (type toile en laine) fut utilisé pour les voiles. La documentation ethnographique nous permet, de son côté, d'attester l'utilisation de voiles en laine en Atlantique Nord jusqu'au début du XXᵉ siècle. Toutefois, les exemples qui nous sont parvenus (voile de l'Amla et du Nordmøre) varient en qualités et en tailles, selon les traditions locales et les paramètres techniques du bateau. Face à ce néant de connaissances, seule l'archéologie expérimentale a permis de créer des pistes de recherches probantes. Au V*ikingeskibsmuseet* à Roskilde (Danemak), cinq voiles furent réalisées et testées en mer, en croisant les différents indices archéologiques, ethnographiques et manuscrits. En se basant sur le fragment de toile découvert dans l'église de Trodenes, les archéologues ont développé une voile, adaptée au Skuldelev I et donc à des traversées hauturières. L'analyse du fragment montre une ligature de 2/1 à huit fils en Z par centimètre dans la chaîne et de cinq à six fils en S par

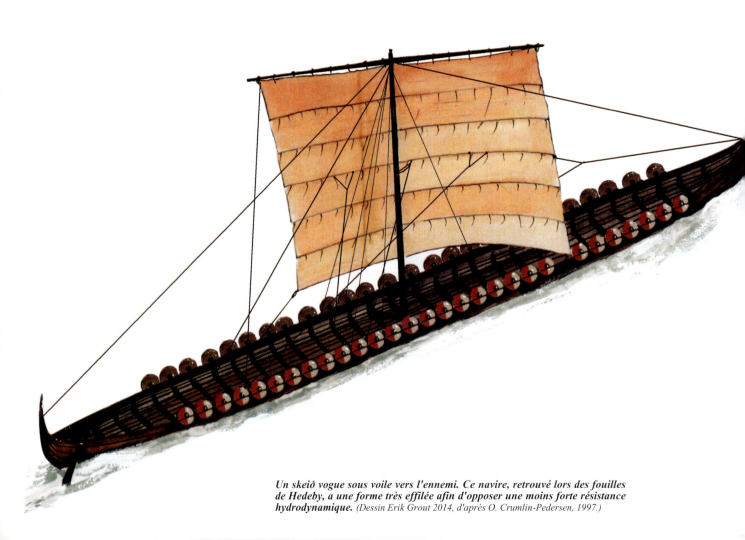

Un skeið vogue sous voile vers l'ennemi. Ce navire, retrouvé lors des fouilles de Hedeby, a une forme très effilée afin d'opposer une moins forte résistance hydrodynamique. (Dessin Erik Grout 2014, d'après O. Crumlin-Pedersen, 1997.)

Détail du gréement d'un navire viking :

1 Skaut *(écoute)*
2 Höfuðbendr *(hauban)*
3 Dragreipi *(drisse)*
4 Aktaumr *(bras)*
5 Rakki *(racage)*
6 Siglutré *(mât)*
7 Stag *(étai)*
8 Rág *(vergue)*
9 Segl *(voile)*
10 Rif *(ris)*

(dessin, Erik Groult 2014, DAO Damien Bouet 2014.)

Eléments d'accastillage retrouvés à Hedeby (Danemark). *(Dessin Erik Groult 2014, d'après O. Crumlin Pedersen, 1997.)*

Le Styrimaðr tient fermement la barre pour mener le bateau entre les vagues. Durant la période viking, le barreur est un homme de premier plan lors des traversées. Il s'agit généralement du propriétaire du bateau et gère l'ensemble des équipiers du navire. C'est également lui qui, avant d'appareiller, préparait l'armement du navire. Sur le navire d'Oseberg ou de Gokstad, un tonneau fut retrouvé sur le tillac à la gauche du barreur. Peut-être gérait-il également les ressources en eau potable du navire. En outre, nous savons grâce au Konungs skuggsjà, que l'armement de base pour une traversée transatlantique devait comprendre des tonneaux de bière de ménage (bière peu fermentée), ainsi que de la drykkr (bière alcoolisée), pour les grandes occasions. (Dessin Erik Groult 2014.)

centimètre dans la trame. La toile pour une voilure de 160 m², représente alors un poids compris entre 104 et 160 kg. L'expérimentation a également montré l'importance de la qualité du tissage. En effet, si la toile n'est pas suffisamment serrée, elle deviendra trop souple et les fibres se sépareront avec le temps. La complexité de réalisation d'une voile de bonne qualité laisse à penser qu'il existait sur les chantiers des ouvriers et des maîtres d'œuvre, spécialisés dans la conception de voilures. En effet, bien qu'une voile carrée semble rudimentaire, cette forme de voilure se déforme beaucoup lorsque le vent se prend dedans. Il est alors nécessaire de façonner la voile pour lui donner de la souplesse et de la résistance. Le centre de la voile doit ainsi être plus résistant pour supporter des tensions plus fortes et donc une usure plus importante. Le choix des cordages du ralingage a également son importance. Ainsi, une voile en laine dotée de cordages en écorces (tilleul principalement) aura tendance à s'user davantage qu'avec des cordes en matière animale (morse, phoque ou crin de cheval). En outre, il est essentiel que les matériaux aient une même réaction face à l'humidité, afin de ne pas perdre la forme de la voilure. Enfin, avant d'utiliser la voile, il est nécessaire de la rendre imperméable à l'air, afin de ne pas perdre la poussée vélique. Les archéologues ont développé un mélange composé de graisse chaude, de poix et d'ocre pour traiter les voiles.

Bien qu'aucune source ne permette d'attester l'emploi de cette technique par les Vikings, après ce traitement, la fibre se resserre et la perméabilité au vent de la toile est quasi nulle.

Divers

La coque une fois terminée devait être équipée de différents éléments de vaigrages, inhérents à la navigation ou au confort des équipiers. Les pièces les plus impressionnantes restent probablement la baleine (étambrai), et la *kerling* (carlingue). Sur l'Oseberg ou le Gokstad, la baleine est une énorme pièce de chêne monoxyle, taillée en forme de poisson, dans laquelle le mât vient se glisser et se poser sur la *kerling*, avant d'être bloqué par la *topta* (mataude). La carlingue, posée sur les varangues, court sur près du tiers de la longueur totale de la quille. Elle permet de roidir le navire sur le plan longitudinal et renforce la structure du bateau, mais est également taillée de façon à recevoir l'emplanture du pied de mat. En outre, il intéressant de noter que le même système de mâture était employé sur les bateaux de pêche du nord Cotentin jusqu'au début du XXᵉ siècle. Le mât en tant que tel, était un simple fut de pin ou d'épicéa de 10 à 12 m de haut. De forme quadrangulaire (bateaux de Skuldelev) ou circulaire (Oseberg et Gokstad) en pied, il s'affinait progressivement jusqu'à sa tête. Là, comme le suggèrent les enluminures et les manuscrits, une *húnbora* (orifice dans la tête de mât) était

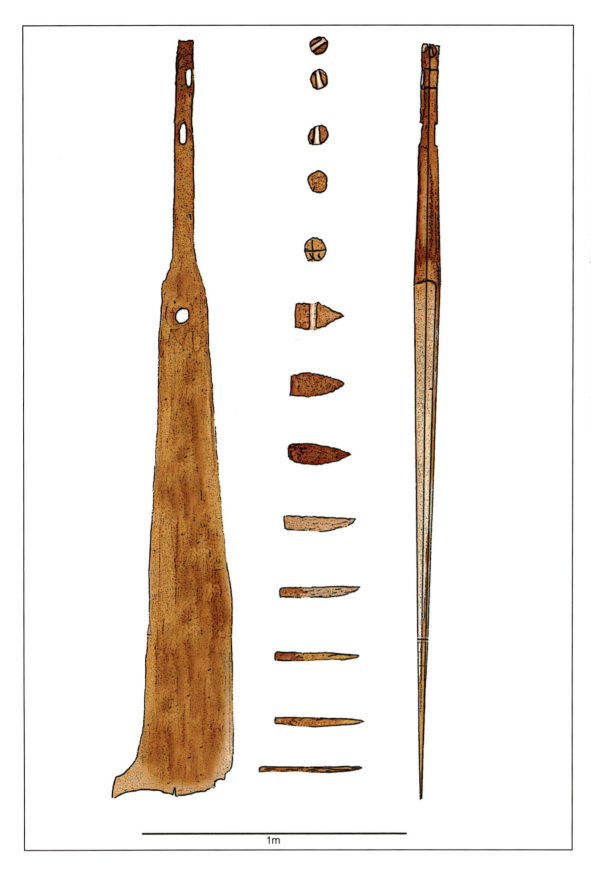

Le gouvernail, styriborð, placé à tribord arrière, est une véritable œuvre d'art. D'une conception très technique, il est très éloigné de la simple rame décrite dans certains ouvrages. Il possède en effet, une forme comparable à une aile d'avion et permet de manœuvrer le bateau aisément. Il se compose de deux pièces. Le safran, formant un plan vertical pouvant pivoter afin de dévier le flux d'eau et ainsi changer de direction. La barre, verticale et assemblée au safran par un tenon. Lors de la traversée de l'Atlantique avec le «Viking» (première réplique du Gokstad), Magnus Andersen affirmera d'ailleurs que le gouvernail viking était tout aussi avantageux que le gouvernail d'étambot.
(gouvernail de Vorsa, dessin Erik Groult 2014, O. Crumlin-Pedersen 1997.)

réalisée afin de passer les balancines. Sur les petites embarcations, la lumière pouvait être renforcée à sa base par un os lisse pour faciliter le passage du cordage. Cependant pour les embarcations de plus gros tonnage, elle était plus certainement dotée d'une poulie et jumelée à un guindeau ou à un cabestan pour hisser la vergue.

Pour les embarcations non pontées (bateaux de commerce), des plates-formes étaient installées à la proue et à la poupe. Permettant au barreur de se tenir debout sur le *thilja* (le tillac) et de placer une vigie à l'avant.

Enfin, sur tribord arrière, était fixé le *styriborð* (gouvernail), s'apparentant à une rame à large pâle. Il est maintenu en son centre à l'aide d'une jeune pousse de bouleau vrillée, traversant une rotule de bois fixée sur la coque. Il était ensuite ligaturé par une bande de cuir épaisse sur sa partie haute, assurant ainsi une rotation convenable sur l'axe vertical. Dans l'épaisseur du manche, une mortaise était

1. *Ces taquets proviennent des fouilles sur le port de Hedeby. Durant la période viking, les taquets sont généralement taillés dans une pièce de bouleau, de tilleul ou d'érable. À l'instar des taquets modernes, les taquets vikings sont des dispositifs situés sur le navire permettant de bloquer un cordage. Ils permettent de bloquer les aussières pour amarrer le bateau, les drisses ou écoutes pour gérer la voile, etc. Ils sont généralement taillés dans une grosse branche. Les deux alésages permettent de passer des rivets ou des clous, afin de les fixer aux membrures ou aux virures. (dessin Erik Groult 2014, d'après Ole Crumlin-Pedersen 1997.)*

2. *Poulies provenant du site de Hedeby. La plus ancienne représentation connue d'une poulie provient d'un bas-relief assyrien de 870 av. J.-C.. Elle est également décrite par Héron d'Alexandrie au Ier siècle dans son ouvrage sur les moyens de soulever des objets. Il existe plusieurs types de poulies. A titre d'exemple, avec une poulie simple il est possible de soulever une charge de 1kg en exerçant une force de 1kg. En multipliant le nombre de poulies (poulies composées), la force est démultipliée. Avec deux poulies couplées, pour soulever une charge de 1 kg, il faut alors exercer une force de 0,5 kg. Ce système est particulièrement pratique pour soulever des charges, telles que la vergue.* *(dessin Erik Groult 2014, d'après Ole Crumlin- Pedersen 1997.)*

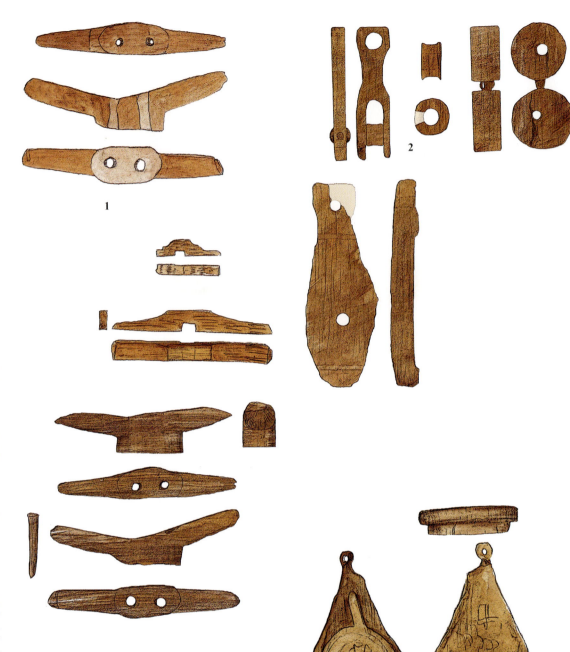

réalisée, afin d'accueillir la barre du navire. En outre, l'étude menait par Sean Mcgrail sur les différents gouvernails découverts, montre qu'ils étaient conçus et optimisés pour satisfaire à des obligeances hydrodynamiques. Ils ont en effet, une forme comparable à celle d'une aile d'aviron, afin de passer dans l'eau, sans ralentir la marche du navire. Il sert alors uniquement à changer de cap, et c'est ensuite l'équilibre entre la voile, le lest et les différents poids répartis sur le bateau qui vont stabiliser la direction de l'embarcation. Les différentes expérimentations réalisées avec les copies de bateaux vikings démontrent que ce type de gouvernail est facile d'utilisation et permet de manœuvrer le bateau sans difficulté particulière, même en conditions difficiles. Cependant, la forme complexe de la pale doit être parfaitement respectée, afin d'éviter d'éventuels problèmes de manœuvrabilité. En outre, la position latérale du gouvernail fait que le bateau vire plus aisément à tribord qu'à bâbord.

Afin de ne pas embarquer d'eau, lors de la navigation sous voile, les trous de nage étaient fermés par des caches. Ils peuvent se présenter sous la forme d'un simple cache, à l'instar du Gokstad, riveté au bordage et pouvant pivoter pour fermer l'ouverture. On retrouve également des caches amovibles, épousant la forme du trou de nage et bloqués par une goupille. (cache rame provenant de Hedeby (Danemark), dessin Erik Groult 2014.)

Navigation

Comment naviguer et tenir un cap durant la période viking ? Une question complexe, qui donne encore aujourd'hui du fil à retordre aux scientifiques. Le croisement des sources manuscrites, iconographiques et archéologiques nous permet de nous donner des pistes de réflexion.

Éléments naturels

Durant la période médiévale, les Scandinaves naviguaient principalement à la voile. Le bon déroulement d'un voyage en mer était donc intimement lié aux conditions météorologiques et aux courants marins. Le chef de bord se devait alors d'être un *veðrœnn* (celui qui sait « renifler » le temps), en particulier pour naviguer sur l'Atlantique Nord. Nous savons par ailleurs, grâce aux études croisées en climatologie, que les températures durant le haut Moyen-âge étaient sensiblement plus chaudes qu'aujourd'hui. Ces données sont d'ailleurs confirmées par l'archéologie et l'épigraphie. À titre d'exemple, il existe bon nombre de sources permettant d'affirmer de la présence de vignes jusqu'aux remparts de la ville de York (Angleterre). Cette hypsithermale libéra des glaces les mers septentrionales. Jusqu'au XIIIᵉ-XIVᵉ siècle, la côte du Groenland était en effet dégagée jusqu'au Scoresbysund. Permettant ainsi aux Vikings de s'aventurer toujours plus au nord-ouest et de faire voile sous des latitudes boréales.

À travers les sagas, le *byrr* (le vent favorable) est régulièrement mentionné. Ainsi, dans la *Saga d'Egill* on apprend que « *Dès le printemps, quand la mer se calma, Björn remit son bateau à l'eau et l'équipa avec soin. Lorsqu'il fut prêt et qu'il eut bon vent, il mit à la voile* ». Ce « bon vent » qui poussait les navires vikings en dehors de leurs ter-

Le passage d'un esnèque sous voile, naviguant là-haut dans le nord, dans la neige et la glace, entre les lacs et les fjords. Le bateau est doté de boucliers, de figures de proue et poupe pouvant se rapprocher de celles présentes sur le navire d'Oseberg. Cette évocation respire l'aventure et les embruns marins. « L'y eut fracas de rames, Et cliquetis de fer, Ecu contre écu froissé : Ramaient les vikings. Écumante va, Sous son noble prince, La flotte du roi, Bien loin de ses terres. » (Völupsá, 27). (Dessin de Erik Groult, 2014.)

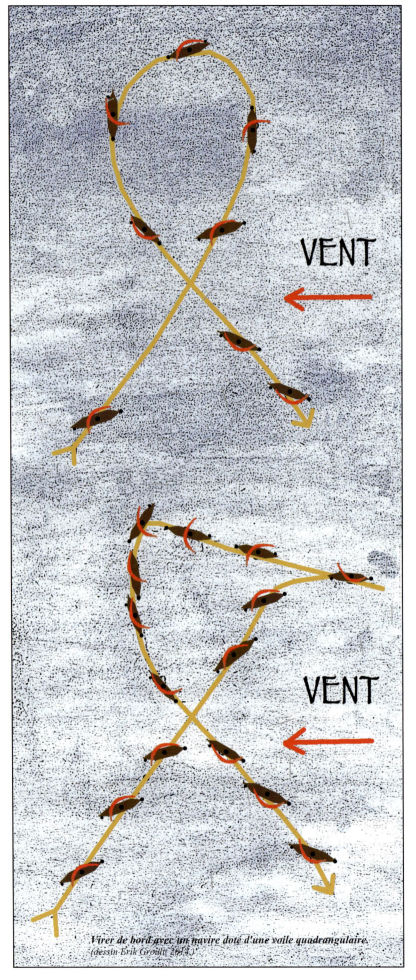

VENT

VENT

Virer de bord avec un navire doté d'une voile quadrangulaire.
(dessin Erik Groult 2014)

ritoires d'avril à octobre dépendait directement du gradient des pressions atmosphériques (dépressions et zones anticycloniques). Ainsi le vent toujours dans le sens horaire autour des hautes pressions et dans le sens antihoraire autour des basses pressions. En partant de Scandinavie vers *vestr um haf* (« à l'ouest de la mer », l'Islande et le Groenland) les navigateurs rencontraient une dorsale (axe anticyclonique) les poussant vers le Nord. Le retour se faisant généralement à la fin de l'été, les bateaux étaient poussés par un fort vent arrière, écourtant très largement leur voyage. La navigation sous les hautes latitudes s'accompagnait également, parfois, de longs épisodes sans vent et avec un brouillard persistant. Les marins étaient alors perdus en mer et attendaient que le vent souffle de nouveau.

Le capitaine du bateau devait également posséder de solides connaissances, pour comprendre et analyser les courants marins. En dehors du cas particulier des courants de surfaces s'écoulant à proximité immédiates des côtes, la détection et la mesure des courants a toujours été un véritable défi pour les navigateurs. En effet, pendant longtemps, l'unique moyen de mesurer l'intensité d'un courant était d'observer le déplacement d'objets portés à sa surface. La grande majorité de ce type d'observations fut effectuée sur des navires, et dépendait donc de la qualité des données de navigation puisque le courant était déduit de la différence entre la position estimée (mesure du cap, de la vitesse et de la dérive due au vent) et la position réelle (latitude et longitude). Compte tenu des instruments et techniques utilisés sur les navires participant aux grands voyages d'exploration et de découverte, les observations de courants ne pouvaient être que grossières. Il était alors primordial pour le marin d'identifier d'éventuels courants, afin de ne pas dévier de l'itinéraire choisi. De plus, il existait certainement un savoir empirique, hérité des aventures et mésaventures des marins. Permettant aux navigateurs de se diriger plus aisément.

Enfin, une observation attentive de la mer permettait très probablement aux Vikings de s'orienter. En effet, du fait des variations hydrographiques en Atlantique Nord, où les eaux bleues des courants chauds du sud-ouest poussés par le Gulf Stream rencontrent les eaux vertes à faible salinité des courants froids d'origines arctiques. Ce courant polaire connaît, suivant la saison, des fluctuations de part et d'autre du seuil sous-marin, créant par conséquent une zone de turbulence. Ces turbulences oxygènent les eaux de profondeur et favorisent le développement du plancton. Ce même phytoplancton prolifère au printemps, jusqu'à créer des eaux laiteuses, voire phosphorescentes, attirant les bancs de poissons, les cétacés et autres grands mammifères marins. Ces signes ne pouvaient échapper aux yeux des navigateurs expérimentés et permettaient aux Scandinaves de s'orienter de l'immensité bleue que représente l'Océan Atlantique.

Le Solkompas et Solskuggerfjol

En 1948, l'équipe d'archéologues de Christen Leif Vebæk mit au jour un demi-disque en bois, percé en son centre et cannelé de seize encoches sur sa circonférence, dans le fjord d'Uunartoq au Groenland. Après de nombreuses années de recherches, Carl V. Sølver, émet l'hypothèse selon laquelle l'objet pourrait être une pièce d'un compas solaire (*Solkompas*) de trente-deux dents (correspondant à trente-deux directions, à l'instar des roses des vents). Bien que cette proposition reste controversée, une très large bibliographie permet d'étayer ce propos et la découverte plus récente d'autres disques dans la sphère géographique viking semble corroborer cette supposition, d'autant plus que les nombreuses expérimentations réalisées avec des replica de ce disque ont donné des résultats satisfaisants en haute mer. De plus, l'artefact d'Uunartoq n'est pas un *unicum*, de nombreux exemples de compas solaires sont attestés pour des périodes antérieures ou postérieures, tels que le disque en céramique du site néolithique de Hagar Qim (île de Malte), ou la table en stéatite de Vatnahverfi (Groenland).

À l'instar du cadran solaire, le relevé de l'ombre du gnomon sur le disque dépend de la latitude d'utilisation et des variations permanentes de la déclinaison du soleil. À la veille du voyage, le compas est exposé au soleil et est calibré en relevant les points correspondant à la projection du soleil sur le disque à chaque moment de la journée, permettant ainsi de tracer une hyperbole. Cette courbe reste ensuite valable pendant une quinzaine de jours, durant la période du solstice d'été, il est ensuite nécessaire de procéder à une correction du relevé. Pendant le voyage, à n'importe quel moment, il était alors possible de trouver le nord en faisant tourner le disque à l'horizontale et de le faire tourner jusqu'à ce que l'ombre de gnomon croise la courbe, il suffisait ensuite de pointer vers un cap en utilisant les degrés tracés sur la table.

Pour les amateurs de bières, la brasserie danoise Tuborg a distribué aux cent dix-huit régatiers de la course *Seeland Fionie*, des compas solaire à huit directions pour 360°, dotés d'une courbe gnomonique correspondant à la latitude et à la date de la régate. Deux navigateurs seulement émirent des doutes quant à la viabilité de ce système. Système qui fut d'ailleurs utilisé jusqu'au début des années 1990 pour les opérations en milieu désertiques, dans l'armée britannique et américaine (compas solaire modèle Abrams, modèle Bagnold et modèle Cole). Le *Sun Compass* permettait de contrer les problèmes de perturbations des compas magnétiques liées aux objets métalliques.

Enfin, le *Solskuggerfjol* (littéralement « planche à ombre solaire »). Cet instrument est mentionné dans la *Færeyinga Saga* (saga des îles Féroé). Il était utilisé pour déterminer la latitude. C'était une planche de bois circulaire d'environ 250 à 300 mm de diamètre. Au centre se trouvait un gnomon, dont

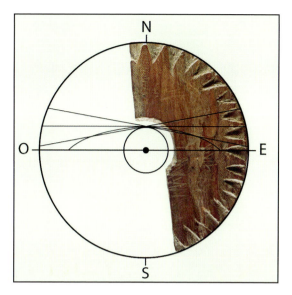

Le Solkompas de Uunartoq (Groenland). La courbe correspond à la projection du gnomon, les trois droites à des ajustements en fonction de l'équinoxe de printemps. (DAO Damien Bouet 2014, photo Soren Thirslund 2001.)

Réplique de Solkompas en chêne et os de baleine. (réalisation Damien Bouet, 2014.)

la hauteur pouvait être réglée en fonction de l'époque de l'année. La planche était placée dans un seau d'eau afin qu'elle soit parfaitement de niveau. Avant l'appareillage, l'ombre du soleil était observée et repérée sur le disque à midi. Un cercle était ensuite tracé sur la planche indiquant la longueur que l'ombre devait atteindre pour être à la latitude désirée. Si l'ombre était au-delà du cercle, le bateau était au nord de cette latitude ; si l'ombre était à l'intérieur, le bateau était au sud de cette latitude.

Le Sólarsteinn

La « pierre de soleil », véritable « Quête du Graal » des archéologues spécialistes de cette discipline. En 1669, le Danois Rasmus Bertholin met en évidence le principe de polarisation de la lumière à l'aide du spath d'Islande. En 1863, dans son dictionnaire de vieux norrois, Erik Jonsson explique que le *Sólarsteinn* était une pierre permettant de déterminer la position du soleil par temps couvert.

1. *Réplique du Solkompas en action, la marin relève l'ombre du gnomon avant le départ. On remarque en effet que le compas n'est pas encore doté de sa courbe gnomonique.* (photo Thibaut Grimaldi 2014, réalisation Damien Bouet, 2014.)

2. *La Solskuggerfjol (la planche à ombre solaire). Création en chêne et os de baleine, basée sur la Færeyinga Saga.* (réalisation Damien Bouet, 2014.)

3. *La Solskuggerfjol en action. Le marin a placé la planche dans un seau d'eau afin qu'elle soit parfaitement à l'horizontale. Si l'ombre du gnomon parvenait au-delà du cercle, le bateau était au nord de cette latitude ; si l'ombre était à l'intérieur, le bateau était au sud de cette latitude. Dans le cas présent, le bateau vogue trop au nord, le barreur devra donc rectifier sa trajectoire.* (réalisation Damien Bouet, 2014.)

Ci-dessous : à droite Solkompas en bois de Uunartoq, au centre Solkompas en stéatite de Vatnahverfi, à gauche la Solskuggerfjol. (réalisation Damien Bouet, 2014.)

4. *Morceau de Spath d'Islande, utilisé comme pierre de soleil. Le spath d'Islande est une variété transparente de calcite, il a d'excellentes propriétés optiques. Il polarise en effet la lumière et permet de déterminer précisément la position d'une source de lumière.* (photo Christine Bouet 2014, col. Damien Bouet.)

Réplique d'un petit compas solaire en stéatite, trouvé à Vatnahverfi (Groenland). La courbe supérieure correspond à un relevé du gnomon. La pierre est positionnée horizontalement, une ombre est projetée par le gnomon. La pierre est ensuite tournée de façon à ce que l'ombre du gnomon arrive jusque sur la dite courbe. Il est ensuite possible de déterminer le vrai nord. L'utilisation du dispositif nécessite un temps clair et une mer calme. Les expérimentations menées avec cette réplique montrent en effet que, par temps couvert, aucune ombre n'est projetée. (réalisation Damien Bouet, 2014.)

Enfin, en 1967, Thorkild Ramskou propose une théorie selon laquelle les Vikings auraient utilisé des pierres polarisantes pour rallier le Groenland ou le Vinland.

D'un point de vue technique, l'étude menée par Guy Ropars montre que l'utilisation de la pierre de soleil est enfantine et peut être obtenue grâce à du feldspath d'Islande, de la tourmaline du Groenland ou de la cordiérite de Kragerø (Norvège). Pour déterminer la position du soleil, il suffit de placer le cristal devant son œil et de regarder le ciel. En raison de ses propriétés optiques, la pierre va alors « dépolariser » les rayons lumineux qui la traversent : quand la lumière entre sur une face du rhomboèdre, elle forme deux points sur le côté opposé, où est placé l'œil de l'observateur. Ces taches sont d'intensités lumineuses différentes et varient en fonction de la position du cristal. Il faut alors trouver le bon angle pour que les deux points s'alignent. Une fois l'ajustement fait, la direction du soleil est alors à 45° de l'axe optique du cristal. Ce principe physique à l'avantage de fonctionner lorsque la lumière est très faible et que le ciel est particulièrement couvert.

Les propriétés de la pierre de soleil sont décrites au XIIIe siècle dans la *Saga d'Olaf le saint* : « *Le temps était couvert et neigeux, comme Sigurður l'avait prédit. Alors le roi convoqua Sigurður et Dagur. Il demanda à ses hommes de regarder autour d'eux, personne ne trouva la moindre recoin de ciel bleu. Puis il somma Sigurður de désigner le soleil, lequel donna une réponse ferme. Alors le roi envoya chercher la pierre de soleil et, la tenant au-dessus de lui, vit la lumière jaillir et ainsi pu vérifier directement que la prédiction de Sigurður était bonne.* » En outre, des pierres de soleil figurent régulièrement dans les inventaires d'églises ou de cloîtres au XIVe et XVe siècle, sans toutefois donner de détails sur l'utilisation possible de ces objets. Enfin, les archéologues ont mis au jour une pierre de soleil dans une épave anglaise du XVIe siècle au large de l'île Anglo-Normande d'Alderney. Toutefois, seules deux sagas font mention du *Sólarsteinn* et aucune source ne permet de mettre en corrélation les systèmes de navigation du haut Moyen-âge, avec la pierre de soleil.

Les voies maritimes

Tandis que le réseau routier scandinave n'était qu'embryonnaire, les Vikings ont développé un formidable réseau maritime à travers toute l'Europe. En effet mise à part le *Hærvejen* (littéralement : « la voie des armées ») qui sillonnait depuis la protohistoire le nord de l'Allemagne jusqu'à Viborg au Danemark, les infrastructures routières peinaient à se développer du fait de la typologie particulière des contrées de Scandinavie, partagées depuis de temps immémoriaux entre montagnes et mers, et entre forêts et marais. Il est d'ailleurs intéressant de noter qu'encore aujourd'hui, les Norvégiens préfèrent embarquer sur l'*Hurtigruten* (l'express côtier) qui rallie par les ports de la côte ouest de la Norvège plutôt que d'emprunter le réseau ferroviaire ou routier.

Il y a bien entendu le réseau premier, destiné à relier les différents grands ports de Scandinavie. La rocade du sud-Jutland, artère principale entre la Mer du Nord et la Baltique, permettait d'éviter de contourner le Danemark. Les navigateurs remontaient alors le cours de l'Eider, puis de la Treene et enfin de la Schlei pour déboucher sur la mer Baltique et le port de Hedeby, véritable plaque tournante du commerce international jusqu'au XIe siècle. Une chaussée pavée de rondins de bois entre la Treene et la Schlei, fut d'ailleurs découverte dans les années 1990. Elle servait vraisemblablement à rouler les bateaux et rallier les deux cours d'eau.

Il existe ensuite la route du Cap Nord, le long de la côte norvégienne et jusqu'en Mer Blanche. Voie mythique vers le Grand Nord, emplie de légendes et de récits d'épouvantes. Lors de l'ouverture de cette voie, les Vikings la délaissent largement, du fait du caractère difficile de la Mer du nord en ce secteur, il existe néanmoins quelques sources mentionnant l'emprunt de façon tout à fait sporadique de cette route. Dans le courant du Xe siècle, attirés par la richesse des lieux, plusieurs rois de Norvège se succédèrent pour conquérir ce territoire hostile du *Bjarmaland*, gouverné par les *Beormas*, tribus samoyèdes hostiles aux royales incursions de l'aristocratie norvégienne. Il faut attendre le début du XIe siècle pour que la route soit bien connue et régulièrement empruntée par des Vikings en quête de peausseries et ivoire de morses.

La Mer Baltique est l'équivalent viking de la *mare nostrum* romaine. Après plusieurs siècles de luttes entre les Scandinaves et les Slaves, la thalassocratie danoise s'étendait très largement sur les territoires bordant la Baltique au Xe et XIe siècle. Cette mer intracontinentale, avait une importance primordiale pour accéder au *Garðaríki* (le « Pays des comptoirs », le territoire de Novgorod), mais également aux quelque quarante-cinq fleuves qui se jettent dans la Baltique. Comme l'indique l'*instrumentum* particulièrement hétéroclite dans cette zone, du fait de sa position géographique, les routes de la Baltique permettaient de relier les grands comptoirs commerciaux scandinaves de Birka et Hedeby, aux comptoirs d'Europe Centrale tels que Novgorod ou Kiev. Il existait également un prolongement de la route du *Bjarmaland* (Cap Nord) jusqu'à Hedeby, permettant aux chasseurs et artisans de vendre le fruit de leur travail. On sait en effet qu'un certain nombre de commerçants provenant des territoires septentrionaux de Norvège descendaient la route du Nord chaque année pour se rendre à Hedeby.

Viennent enfin les routes qui ont fait la renommée des marins vikings, les voies de l'Atlantique Nord les *Vestrvegr*. La conquête de l'Atlantique Nord et des territoires qui y poussent ici et là, fut essentiellement une affaire de Norvégiens et de la descendance qui en résultait (le plus célèbre de ces descendants fut très certainement Leifr Eiríksson, premier colon européen d'Amérique). La notion de *vestr um haf* (à l'ouest de la mer) revient régulièrement dans les sources manuscrites pour désigner l'ensemble des territoires colonisés à l'ouest de la Norvège (Féroé, les archipels écossais, l'Islande, le Groenland et le Vinland). Durant l'âge du Fer, les Norvégiens s'essayaient déjà à la traverser hauturière et rallier le nord du Royaume-Uni avec des embarcations très certainement semblables au bateau de Nydam. À la fin du VIIIe, la colonisation norroise prend son essor et les colonies scandinaves se multiplient en Écosse et dans les Shetlands. De là, vers 825-850, les Norvégiens poursuivent leur avancée vers l'Ouest et fondent une solide colonie sur les îles Féroés l'*Akrabyrgi*. De là, l'Islande n'était plus qu'à quelques coups de rames. Naddod-le-Viking, Gardar Svarasson et Hrafna-Floki, ont pris pied sur l'île après une dérive involontaire ou poussés par le souffle d'*Ægir* (le dieu des océans). Vers 874, les premiers colons scandinaves viennent s'installer sur cette terre de glace, chassant par la même occasion les quelques moines de cette thébaïde pour le moins septentrionale. Lorsque la première phase de colonisation prend fin en 930, l'Islande comprend déjà environ 60 000 habitants permanents. Vers 932, un certain Gunnbjőrn, fut drossé par la tempête sur la côte est du Groenland, il n'accosta pas, mais consigna la position approximative du nouveau territoire. En 978, Snaebjörn Galti, tenta de coloniser la côte est, l'initiative tourne au désastre et il est tué la même année lors d'une querelle avec d'autres colons. Erik le Rouge, poussé par quelques embûches judiciaires (bannissement de l'Islande pour crime de sang), prend le large vers l'ouest et s'installe dans le sud du Groenland (très probablement dans la région de Qaqortoq). Après trois années passées à explorer le littoral, il revient en Islande pour préparer la colonisation des territoires qu'il a découverts et repart, suivi par quatorze *knörr* pour s'installer dans le fjord de Narsaq.

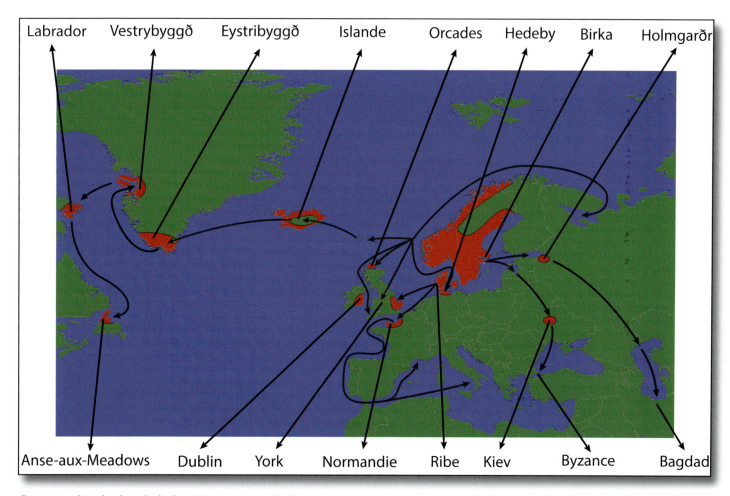

Carte non exhaustive des principales routes et secteurs de colonisation scandinave entre le VIIIe siècle et le XIe siècle. (DAO Damien Bouet, 2014.)

Magnifique réplique du navire de Ladby. La construction fut lancée en 2011 aux abords du musée de Ladby. (photo Damien Bouet 2014, Vikingemuseetladby.)

Répliques et renaissance

Pourquoi dépenser plusieurs milliers d'heures pour reconstruire un bateau viking au jour d'aujourd'hui? François Beaudouin résume parfaitement l'importance de l'archéologie navale : « *[...] l'étude du bateau et des techniques nautiques constitue la meilleure voie d'accès à la connaissance de l'homme de l'eau : nous nous efforçons pour cela de mettre en évidence la façon dont le bateau est déterminé dans ses formes, sa structure, ses dimensions, son existence même par un grand nombre de facteurs géographiques, historiques, techno-économiques comme l'homme lui-même, mais de façon divisible et durable. À l'inverse, nous essaierons de montrer de quelle façon il peut témoigner de l'action de ces multiples facteurs et ainsi constituer un document de grande valeur pour l'ethnologue* ».

Pour l'archéologue, confronté à des bateaux réduits à l'état de vestiges archéologiques, l'étude expérimentale de l'embarcation, par la construction d'un modèle à taille réelle et par son utilisation, reste la meilleure solution pour convenablement analyser et comprendre les caractéristiques structurelles ou même fonctionnelles de l'embarcation découverte en fouilles.

Qu'est-ce que l'archéologie expérimentale et la restitution archéologique ?

De par sa définition, l'archéologie expérimentale se détache de l'archéologie dite « classique ». L'expérimentation permet de tester l'interprétation des données d'un point de vue physique et non plus seulement d'appuyer ses hypothèses sur l'unique fruit des découvertes archéologiques et des réflexions théoriques. Il est ainsi possible de discerner les facultés cognitives et technologiques, liées au processus mis en œuvre lors de la réalisation du bateau. L'expérimentation archéologique tente ainsi, non pas de reproduire une hypothétique vérité historique, mais de constituer une tentative d'approche afin de discerner les caractéristiques générales et techniques d'un phénomène ou d'une structure. D'après Daniel W. Ingersoll, « *L'archéologie expérimentale est une approche archéologique, utilisée pour tester, évaluer et expliquer, les méthodes et les techniques, mais aussi les hypothèses et les théories à tous les niveaux de la recherche* » L'expérience permet alors de vérifier, d'éprouver et d'affiner les interprétations élaborées à partir des données de terrains, en réfutant ou accentuant certains éléments techniques ou physiques d'une construction. Le terme « d'archéologie expérimentale » convient ainsi pour décrire les collections de faits et théories, émanant du développement de l'interprétation et de la restitution.

Les constructions expérimentales sont réalisées grâce à une méthodologie rigoureuse, mêlant l'étude des données recueillies en fouilles, cumulée à la comparaison des référentiels actuels (ethnologie ou anthropologie, par exemple). Il émane de cette étude une interprétation plausible des vestiges, qui permet d'aboutir à la création d'une image vivante en corrélation avec les populations étudiées.

En clair, l'archéologie expérimentale, employée pour la compréhension de la charpenterie navale médiévale, permet d'attester ou d'infirmer les hypothèses sur le plan structural, ou a fortiori de créer une nouvelle piste de recherche sur les méthodes employées lors de la construction d'une embarcation. Par ailleurs, bien que nous ne nous attardons pas sur ces points, des expérimentations peuvent être lancées sur l'ensemble des périodes et des domaines (habitat, céramique, métallurgie, tissage). La base de cette discipline étant la création de protocoles adéquats, permettant de déterminer les limites de l'expérience, les conditions et les techniques employées, à l'instar des autres études ex- périmentales.

Lot de serre-joints utilisé sur le chantier pour placer les virures avant le rivetage. Les deux mords sont liés par un axe, un coin enfoncé dans l'une des extrémités permet de resserrer le serre-joint. L'un des seuls serre-joints connus provient du site de Tårnby au Danemark, il est cependant daté du XIVe siècle et est donc postérieur à la période viking. (photo Damien Bouet 2014, Vikingemuseetladby.)

Vue de la poupe du bateau. On note l'élégance de la courbure du bateau et la forme de l'étambot sculpté. (photo Damien Bouet 2014, Vikingemuseetladby.)

Vue de la poupe, détail des virures, des baux, bancs de nage et tillac. *(photo Damien Bouet 2014, Vikingemuseetladby.)*

De là, nous pouvons nous demander si les restitutions développées durant les expérimentations sont le reflet d'une quelconque réalité historique ou liée à la « fantasmagorie personnelle » de l'auteur. En effet, en cherchant des arguments pour supprimer « l'image misérabiliste » du Moyen-Âge, propagée par les révolutionnaires du XVIIIᵉ siècle, le danger est de surestimer cette civilisation en employant les mêmes critères que ceux qui ont servi à les dévaloriser. Il existe également un problème de faits accomplis. Ainsi, des théories ou analyses, émises par un ou deux chercheurs sont largement diffusés et reprises, sans parfois avoir été, préalablement, finement analysées. Le risque est alors de perpétuer ces erreurs qui deviennent, à force de les citer, des certitudes historiques. De plus, l'archéologue se doit de ne pas se laisser dépasser par sa propre vision des sociétés anciennes, ou par l'imagerie véhiculée par les différents médias qui peut être inconsciemment intégrée. Une restitution architecturale facilite la compréhension des types architecturaux, mais peut aussi fausser l'analyse d'un site. Par conséquent,

il est primordial de travailler avec prudence et modération, afin de ne pas tomber dans l'excès. Il est important de créer une modélisation précise et pointilleuse du navire, afin d'éviter de tomber dans les clichés du cinéma et de créer une image erronée de la période étudiée. En effet, une restitution (physique ou 3D) est un excellent outil scientifique et pédagogique. Malheureusement, il est nécessaire de redoubler de précautions avec cette technologie. En effet, le risque de créer un « faux archéologique » est bien plus important qu'avec d'autres outils de travail.

La recherche expérimentale et l'archéologie navale

La restitution d'une découverte archéologique est primordiale pour la bonne compréhension des données découvertes en fouilles. Cette démarche expérimentale permet en effet d'apporter des informations capitales sur la culture scandinave durant la période médiévale. Une épave de navire, permet de renouveler nos connaissances sur le plan culturel ou historique de manière exhaustive. L'expérimentation archéologique, appliquée au monde naval, permet également de développer des thématiques sur l'interaction entre les bateaux et la société de l'époque viking. De ce fait, la restitution et les expériences menées en mer ou à terre constituent une approche méthodologique idéale pour l'analyse d'un bateau. Le travail repose en effet sur l'idée qu'un bateau est construit pour des objectifs précis. Sa forme et sa construction sont déterminées par l'utilisation future de l'embarcation. Il y a par conséquent des interactions complexes entre les personnes commanditaires ou responsables du chantier naval et les approches distinctes concernant le futur navire (sphère sociale et économique). Certains aspects ont laissé différentes traces sur le bateau. Certaines très probantes, comme des traces d'outils, qui permettent de réaliser des études tracéologique et de déterminer la « main » du charpentier. D'autres, plus ténues, comme la forme et la nature du bateau, permettent d'argumenter sur la fonction et les eaux fréquentées, ou même les connaissances du *stafnasmiðr* et ses intentions concernant la navigabilité ou la résistance de la future embarcation. En outre, un navire peut fournir des informations sur la technique employée durant la période de construction, ainsi que sur la gestion, l'utilisation et la compréhension des ressources naturelles. De là, en croisant les données archéologiques, ethnologiques ou historiques, il est possible de déterminer le temps nécessaire à la construction d'un navire, les ressources disponibles ou nécessaires sur un chantier, ou l'organisation et la hiérarchisation des différents corps de métier de la charpenterie navale en Scandinavie médiévale.

Cependant, aucun archéologue n'a suffisamment de connaissances pour résoudre tous les problèmes liés aux thématiques susmentionnées. La recherche expérimentale a donc l'avantage de créer une forme

1. Vue du bateau au maître-bau. Vue de la carlingue, de la quille, des membrures, des baux et des bancs de nage. (photo Damien Bouet 2014, Vikingemuseetladby.)

2. Vue de la juxtaposition de deux clins. En haut un rivet, avec la moulure réalisée au racloir. En bas, une gournable en bois reliant les virures à un couple. (photo Damien Bouet 2014, Vikingemuseet-ladby.)

3. Ancre en fer du bateau de Ladby, basée sur l'original et retrouvée in situ dans la tombe. Contrairement à la croyance populaire, les ancres vikings ne sont pas que de simples pierres enchâssées dans un arceau de bois. Ce type d'ancre a probablement existé, mais était réservé à des bateaux de faibles tonnages ou de moindre qualité. Le navire d'Oseberg ou de Ladby eux, sont dotés d'ancres en fer. On retrouve également de nombreuses mentions d'ancre en fer dans les sagas. Elles sont considérées comme des éléments luxueux. Dans la Ljósvetninga Saga, lorsque la corde de son ancre cassa, Thorvardur plongea pour réparer le cordage et récupérer l'ancre. (photo Damien Bouet 2014, Vikingemuseetladby.)

4. Vue d'une membrure. On distingue sur cette photo les gournables fixant la membrure aux virures. On remarque également que la forme de la membrure épouse parfaitement la forme de la virure. (photo Damien Bouet 2014, Vikingemuseetladby.)

de collaboration entre des spécialistes aux compétences et expériences différentes, voire avec une approche scientifique parfois opposée. Le questionnement et les objectifs scientifiques sont alors développés et ajustés en permanence, limitant ainsi les risques de voir la recherche bloquée par la vision d'une ou deux équipes de chercheurs. De là, il est certain que les données expérimentales ne sont ni entièrement sûres, ni entièrement fiables. Cependant, il est possible d'émettre des hypothèses et de cerner des réponses possibles. D'ailleurs, l'objectif de l'archéologie expérimentale n'est pas de trouver une réponse ou une solution, mais d'obtenir des pistes de recherche. D'autant plus que l'expérimentation archéologique, appliquée au monde maritime est particulièrement complexe. En effet, les dimensions des navires font qu'il est difficile de contrôler l'ensemble des facteurs pouvant interagir et perturber l'expérience. Toutefois, la reconstruction d'un bateau permet d'obtenir très rapidement des résultats, puisqu'un élément testé peut-être très rapidement éliminé lorsqu'il ne fonctionne pas avec l'ensemble du bateau. En effet, les forces et contraintes appliquées, ainsi que les dimensions de l'expérimentation, font qu'un dysfonctionnement est très vite repéré. Cela peut se traduire par un bordé ou une membrure qui casse, une usure anormale du bateau sur un point précis, la mâture qui ne fonctionne pas correctement avec le gréement, ou simplement le navire qui se brise.

L'expérience nautique ne comprend pas uniquement le bateau, mais également les éléments marins. En effet, l'expérimentation et les résultats qui en émanent doivent être examinés dans des conditions réalistes pour qu'ils aient une valeur historique ou même scientifique. Cela se traduit par la nécessité de tester le navire dans des conditions climatiques changeantes (courants marins, houle, vents, etc.). De même, la qualité de l'équipage à une grande importance. Difficile en effet de tester un navire sans un équipage rompu à la navigation sur bateau historique. Cependant, il est aujourd'hui difficile de connaître le savoir-faire et les connaissances des marins de l'époque viking. Le savoir empirique des marins actuels risque ainsi de fausser une partie de l'analyse du navire. Face à ces problèmes, la plausibilité des hypothèses est basée, comme nous l'avons vu plus haut, sur la répétitivité des expériences dans des contextes similaires, afin de dégager des valeurs moyennes sur les thématiques abordées. En soi, l'expérimentation navale peut être assimilée à une fabrication historique. Certes, la réplique obtenue ne correspond pas trait pour trait à l'original, mais elle permet de présenter une image et de créer un outil de recherche, en posant de nouvelles problématiques.

Processus et répliques

Plus de douze siècles après le premier raid viking (raid de Lindisfarne en 793), le mythe viking continue d'inspirer charpentiers et marins. Partout en Europe, mais aussi en Amérique du Nord et en

*Le « **Viking** » première réplique du* **Gokstad***. Construit en Norvège quelques années après la découverte de l'original, il traversa l'Atlantique pour être présenté à l'Exposition Universelle de Chicago en 1893. Il est aujourd'hui exposé au Good Templar Park de Geneva dans l'Illinois. (photo Chicago World Fair 1893.)*

Russie, des répliques de bateaux scandinaves se construisent ici et là. LindisfarneLa découverte des bateaux de Gokstad et Oseberg en Norvège aux alentours des années 1880 poussa les charpentiers à renouer avec l'héritage maritime des Vikings. Particulièrement en Norvège où les techniques de construction traditionnelles n'ont guère changé depuis la fin de la période viking en 1066. C'est en 1893 que le Norvégien Magnus Andersen largue les amarres et s'élance dans la traversée de l'Atlantique avec une réplique du Gokstad, aujourd'hui exposée à Chicago. Ce périple, effectué avec la première réplique de bateau viking, a relancé depuis maintenant plus d'un siècle la construction des bateaux de « nos ancêtres les Vikings », renforcé par la découverte plus ou moins régulière de nouveaux bateaux en Scandinavie. Les excellents travaux de Ole Crumlin-Pedersen et de Tinna Damgard-Sorensen lors de la restauration et la restitution des navires de Skuldelev nous donnent la marche à suivre pour créer des protocoles expérimentaux adéquats pour l'étude des embarcations vikings.

Suite aux fouilles menées sur les différents bateaux retrouvés en Scandinavie, il fut nécessaire de développer une méthodologie afin de stopper la putréfaction des matériaux organiques, mais aussi pour permettre un remontage et une restitution des embarcations. Pour les navires bien conservés tels

que l'Oseberg ou le Gokstad, le remontage reste relativement aisé. Pour les bateaux particulièrement mal conservés comme le Hedeby I ou le Ladby, chaque élément compte pour restituer convenablement l'embarcation. Généralement, la restitution d'un bateau se déroule de la manière suivante. Après le traitement du bois, chaque pièce est dessinée à l'échelle 1, en figurant les bords originaux et les cassures anciennes et nouvelles, mais aussi les trous de nages ou de gréements et la position des rivets. En relevant les angles des bordés, le devis de tracé des bateaux est ensuite réalisé. De là, il est possible de construire un modèle réduit, en prolongeant les bordés brisés et en extrapolant des données, en s'appuyant sur les éléments présents. Cette étape permet de relever d'éventuelles incohérences structurelles. Parfois, il est également nécessaire d'intégrer le fruit de découvertes et de recherches provenant d'autres fouilles, afin de combler des lacunes. Une fois le plan longitunal et le devis de tracé obtenus, il est possible de reconstruire le bateau et de déterminer le protocole expérimental.

Lors des prémices de la construction de la réplique, le charpentier et l'archéologue sont confrontés à divers problèmes. Ces problèmes, liés à des lacunes scientifiques devant être comblées, ou simplement à de nouvelles problématiques développées au cours de la construction du bateau, forment la base de la recherche sur un chantier expérimental. En soi, nous savons relativement peu de choses sur les chantiers navals en Scandinavie médiévale. Nous savons cependant que le *stafnasmiðr* gérait le chantier et sélectionnait les arbres en forêt. De manière générale, on s'aperçoit que les navires

construits en Norvège entre le X-XIe sont en pin et les bateaux danois de la même période sont en chêne. Les propriétés mécaniques de ces deux essences diffèrent, il faut donc prendre en compte ces données lors de la construction du navire. Après avoir intégré ces détails fondamentaux, l'archéologue peut partir en forêt. Il doit alors sélectionner des arbres possédant des propriétés mécaniques similaires aux arbres présents durant la période médiévale en Scandinavie. Il ne serait cependant pas réaliste de voir toutes les pièces de bois, comme le résultat d'une longue et soigneuse sélection. Certaines incohérences dans le choix des essences découvertes sur des bateaux montrent que le charpentier devait s'adapter aux ressources disponibles dans le secteur du chantier. De même, il est important de comprendre les techniques et l'outillage du Viking, pour convenablement restituer le navire. Cependant, les constructeurs actuels ne possèdent pas les mêmes connaissances que les charpentiers médiévaux. Il faut donc s'adapter et prendre garde à une certaine vision actualiste de la charpenterie navale. Cependant, d'une part les jeux d'outils découverts en fouilles permettent de restituer convenablement les outils. De l'autre, on retrouve de nombreuses représentations de charpentiers employant cet outillage sur les manuscrits. L'étude iconographique de ces représentations permet en partie de restituer le geste du constructeur.

Après la sélection des matériaux et des outils, il est possible d'entamer la construction du navire. Dans un projet expérimental, les constructeurs et archéologues, tâchent de respecter les mêmes étapes et le même processus de construction que durant la période viking. Cependant, le fait qu'il s'agisse de la restitution d'un bateau existant et non d'une pure construction rend la tâche plus complexe. Il est en effet nécessaire de s'adapter aux choix du *stafnasmiðr* et non au bois ou aux possibilités techniques disponibles. En outre, il est nécessaire de garder à l'esprit que le maître-charpentier obéit à un savoir empirique, issu d'un long héritage de traditions de construction. Le charpentier suivait des concepts de légèreté et de souplesse lors de la construction du navire. Il est alors nécessaire de déterminer l'impact de ces connaissances sur la forme et les caractéristiques du bateau. Une fois l'ensemble de ces considérations compris, le constructeur peut s'adonner au maniement de la hache. Il en résulte, après un délai plus ou moins long, un bateau. La fin de la construction du bateau ne termine pas le projet expérimental, mais lance une nouvelle étape du projet. Une fois construit, le navire doit en effet être testé.

Il découle de cette formidable aventure scientifique des dizaines de répliques de bateaux vikings. Certaines de tailles modestes comme le *Vrek* (réplique du faering de Goksatd), d'autres gigantesques telles que le *Draken Harald Hårfagre* (réplique basée sur la saga de *Haraldr Hárfagri*) et ses 35m pour 7,5m de large ou le *Havhingsten fra Glendalough* (réplique du Skuldelev II) et c'est 30m pour 3,8m de large.

Le Helge Ask est une réplique du Skuldelev V construite par le Vikingeskibsmuseet Roskilde (Danemark) en 1991. Il s'agit d'un petit navire de guerre à voile et à rames. Les essais réalisés en mer montrent qu'avec un équipage de 23 rameurs, il est possible d'atteindre la vitesse de 5,4 nœuds. Cependant, en naviguant contre le vent, le mât offre une grande résistance et limite la progression du bateau. Ce problème est contré par la possibilité d'affaler le mât. Dans de bonnes conditions, il est possible de maintenir une cadence de 4,5 nœuds, avec une cadence de 30 coups/minutes, sans épuiser l'équipage. Une distance de 36 milles nautiques par jour est alors facilement réalisable. De même, en progressant contre le vent, les essais en mer ont montré que le navire était plus efficace en ramant qu'en virant de bord. La largeur du bateau le rend d'ailleurs instable pour ce type de navigation sous voile. Les différentes expérimentations montrent que le bateau était adapté pour une navigation intérieure (navigation côtière), mais certainement pas conçu pour mener les grands raids vers la France ou l'Angleterre. Des essais furent également réalisés pour vérifier la véracité des textes faisant mention de bateaux traînés à terre. Pour ce faire, le bateau a été déchargé de son lest et son poids réduit à 2 tonnes et des pieux ont été passés dans les trous de nage. Pour une distance de 300 m et avec 16 personnes, il a été possible de faire glisser le bateau sur des rondins de bois graissés en 6 minutes. L'expérience fut ensuite réalisée avec quatre chevaux islandais. Sur le même site et dans les mêmes conditions, les Fjords ont tiré le bateau en 12 mn. En comptant le temps de chargement et de déchargement du bateau, il faut compter environ 1h pour déplacer un bateau de 18 m sur 300 m. L'expérience a également montré que cette pratique nécessite un personnel et un équipement très réduit. (Photo Damien Bouet, 2013.)

Cinq barques à clins construites sur le chantier naval du Vikingeskibsmuseet, Roskilde (Danemark). (Photo Damien Bouet, 2013.)

Le Roar Edge, réplique du Skuldelev III, construite par le Vikingeskibsmuseet Roskilde (Danemark) en 1998. Ce petit navire de charge fut l'objet de nombreuses attentions scientifiques. Les essais en mer montrèrent que le bateau est parfaitement adapté à la navigation sous voile. Son ratio longueur/largeur est excellent et un équipage réduit obtient d'excellents résultats à la voile. Il peut se mouvoir à vitesse maximale d'environ 8,5 nœuds par vent arrière, pour une vitesse moyenne de 6,5 nœuds. Si l'équipage arrive à maintenir cette moyenne, il est possible de rallier Isefjord (Danemark) à Kaupang (Norvège) en seulement 30 heures. Malgré ces performances tout à fait honnêtes à la voile, la navigation sous aviron est bien moins aisée. Par temps calme, les cinq rameurs ont atteint une vitesse de 3,2 nœuds et ont difficilement réussi à maintenir une vitesse moyenne de 2 nœuds. De ce fait, le Skuldelev III, à l'instar des autres bateaux de charges, est un navire adapté à la navigation sous voile. Les avirons étaient alors uniquement utilisés pour les manœuvres brèves, pour appareiller ou accoster par exemple. Ce navire naviguait certainement en eau danoise et dans la Baltique, mais reste très éloigné structurellement des grands bateaux hauturiers qui ralliaient la Scandinavie aux colonies de l'Atlantique nord. En outre, les archéologues réalisèrent sur ce bateau de très nombreux essais sur les gréements et la voilure. Grâce à Roar Edge, il a en effet été possible d'optimiser les gréements courants et dormants, afin de gérer convenablement la voile. Un « antifouling viking », un mélange de goudron et de graisse de phoque, a également été testé sur ce navire pour vérifier la véracité d'une technique présentée dans la Saga d'Eirik le Rouge *et déterminer son efficacité contre les tarets (vers xylophages). (Photo Damien Bouet, 2013.)*

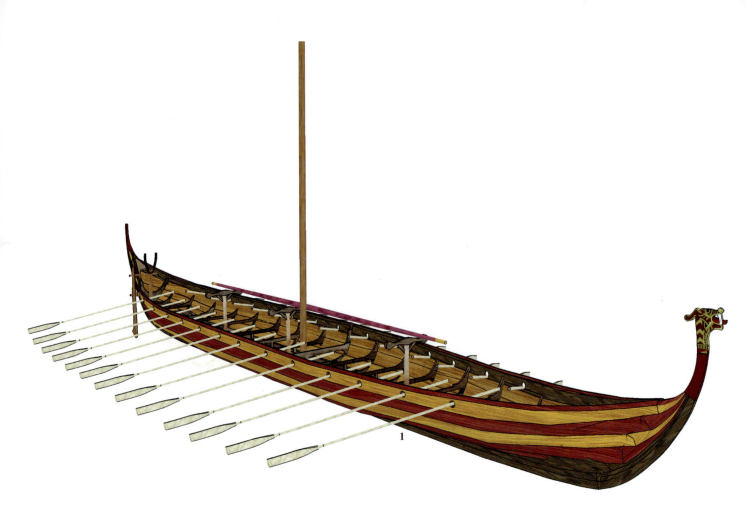

1

2

3